国家出版基金项目
新闻出版总署社会主义核心价值体系建设"双百"出版工程重点出版物

为什么要坚持中国特色社会主义道路

秦　宣●主编

中国人民大学出版社
·北京·

图书在版编目（CIP）数据

为什么要坚持中国特色社会主义道路/秦宣主编．—北京：中国人民大学出版社，2012.12

ISBN 978-7-300-16755-8

Ⅰ.①为… Ⅱ.①秦… Ⅲ.①中国特色社会主义-研究 Ⅳ.①D616

中国版本图书馆 CIP 数据核字（2012）第 302600 号

为什么要坚持中国特色社会主义道路

秦　宣　主编

Weishenme yao Jianchi Zhongguoteseshehuizhuyidaolu

出版发行	中国人民大学出版社			
社　址	北京中关村大街 31 号	**邮政编码**	100080	
电　话	010-62511242（总编室）		010-62511398（质管部）	
	010-82501766（邮购部）		010-62514148（门市部）	
	010-62515195（发行公司）		010-62515275（盗版举报）	
网　址	http://www.crup.com.cn			
	http://www.ttrnet.com(人大教研网)			
经　销	新华书店			
印　刷	北京中印联印务有限公司			
规　格	170 mm×240 mm　16 开本	**版　次**	2013 年 1 月第 1 版	
印　张	7.25 插页 1	**印　次**	2013 年 1 月第 2 次印刷	
字　数	87 000	**定　价**	25.00 元	

目录 contents

第一章

社会主义代表人类未来发展方向

社会主义的出现并不是偶然的，而是社会发展的必然结果，社会主义是历史发展的产物，社会主义代表人类社会的发展趋势。

一、社会主义的出现是历史的必然

人类自有史以来，先后经历了原始社会、奴隶社会、封建社会、资本主义社会和社会主义社会五种基本社会形态，这五种社会形态由低级形态向高级形态不断发展的过程，就是人类社会不断进步的过程。虽然社会主义是不是一种独立的社会形态，人们现在还在争论，但作为共产主义的第一阶段，社会主义制度已经存在和发展了近百年。共产主义社会并不是人类最终的社会形态，共产主义实现之后，人类社会还会继续向前发展，迈向一个新的历史阶段。

按照马克思主义的历史唯物主义的观点，新的社会形态取代旧的社会形态是一种历史的必然。资本主义曾经创造出比封建社会更大、更先进的生产力，但终究还是要退出历史舞台，之所以要退出历史舞台，主要是由于其自身存在着难以克服的矛盾和明显的弊端。伟大的革命导师恩格斯曾经指出："资产阶级从它产生的时候起就有自己的对立物同它缠在一起：资本家没有雇佣工人就不能存在"①。这就是主要的原因，再具体来说就是**"社会的生产和资本主义占有之间的矛盾表现为无产阶级和资产阶级的对立"**②。这种对立的结果是无产阶级在先进政党的领导下起来革命，推翻资产阶级的统治，建立新的社会制度。

社会主义是在资本主义尖锐矛盾不断暴露的过程中产生的。社会主义经历了一个从空想到科学的发展过程。恩格斯曾指出："现代社会主义，就其内容来说，首先是对现代社会中普遍存在的有财产者和无财产者之间、资产者和雇佣工人之间的阶级对立以及生产中

---

① 《马克思恩格斯选集》，2版，第3卷，356页，北京，人民出版社，1995。

② 同上书，622页。

普遍存在的无政府状态这两个方面进行考察的结果。”① 这里的现代社会主要是指现代资本主义社会。因此，我们说，资本主义时代的到来，是空想社会主义产生的历史前提。16 世纪初期，英国的托马斯·莫尔看到了资本主义时代到来带来的弊端，他不仅对刚来人世的资本主义的矛盾作了深刻的揭露，而且还天才地指出只有用社会主义代替资本主义才能克服资本主义的矛盾。莫尔所撰写的《乌托邦》一书，成为早期空想社会主义的代表作，也是社会主义思想的开山之作。到 17 世纪，意大利康帕内拉的空想社会主义曾独领风骚，其根本原因在于：伴随地理大发现、新航线的开辟，欧洲经济中心从地中海沿岸向大西洋沿岸转移，意大利经济极度衰落从而引起尖锐矛盾，广大劳动人民遭受着巨大灾难。康帕内拉的《太阳城》就是这种尖锐矛盾和巨大灾难的反映。莫尔、康帕内拉在资本主义时代刚刚到来之时，就设想了一个与它相对立的新社会制度。这是一个没有私有财产，没有阶级差别，没有高高在上的和社会成员作对的国家政权的社会。他们构想的新制度，实行生产资料公有，按照计划组织生产，根据需要进行分配，并消除了城乡之间、脑力劳动与体力劳动之间的对立，从而开创了现代意义上的社会主义之先河。

到了 18 世纪，社会主义思潮的中心转移到了法国。空想社会主义的发展进入到第二个时期。这一时期空想社会主义的主要代表人物大多是法国人，以至我们可以说马克思主义的来源之一是法国空想社会主义。但 18 世纪，空想社会主义的中心转移到法国，除了由于法国国内的阶级矛盾外，还有一个更为重要的原因就是法国启蒙运动的兴起。18 世纪上半叶，法国资产阶级为行将到来的资产阶级革命制造舆论，掀起了规模宏大、来势凶猛的启蒙运动。这是继文艺复兴之后欧洲第二次思想解放运动。法国资产阶级启蒙思想家高

---

① 《马克思恩格斯选集》，2 版，第 3 卷，719 页，北京，人民出版社，1995。

举“理性”的旗帜，把“理性”当作一切现存事物的唯一裁判者。他们不承认任何外界的权威，不管这种权威是什么样的。启蒙运动的兴起为传播空想社会主义提供了最适宜而肥沃的土壤，18 世纪法国空想社会主义者同启蒙学派之间都存在着密切的关系。18 世纪法国空想社会主义的著名代表摩莱里和马布利也属于启蒙学者，他们是启蒙学者中反映城乡无产者群众的利益和要求的代表。摩莱里的《自然法典》，马布利的《论法制或法律的原则》和《论公民的权利和义务》，都带有浓厚的启蒙运动的色彩。

到 19 世纪，空想社会主义发展到第三个阶段，即我们通常所说的批判的空想的社会主义和共产主义。这个时期的主要代表人物是三大空想家：法国的圣西门和傅立叶以及英国的欧文。这是空想社会主义发展的全盛时期。此前法国大革命的完成和英国产业革命的完成，最终确立了资产阶级在欧洲的统治，并且导致了无产阶级和资产阶级之间矛盾的表面化和尖锐化。客观社会条件的这种变化使 19 世纪的三大空想家比以往任何时期的空想家都能更清楚地看到资本主义社会的矛盾和弊端。因此，三大代表人物都深刻地揭露了资本主义的罪恶，并对于未来的理想社会提出了自己的设想。他们主要的观点就是希望建立一个“人人平等、个个幸福”的新社会。这些思想在当时是先进的，对于启发工人以及提高工人的觉悟起到了重要作用。但是我们应该看到，空想社会主义并不是一种成熟的理论，这些设想只是反映了一种正在成长中的无产阶级的最初的、还不十分明确的愿望。空想社会主义者没有揭示出资本主义的根本矛盾和发展规律，他们也不懂得阶级斗争，远远没有认识到无产阶级的历史使命，因此，他们的社会主义只能

罗伯特·欧文，空想社会主义者之一。

是一种无法实现的空想。

当无产阶级成长为一种独立的政治力量时，就需要有一种科学的革命理论来代替空想社会主义。19世纪三四十年代，英、法、德等国的无产阶级开展了独立的政治运动，主要表现就是出现了著名的三大工人运动，即法国里昂丝织工人的两次起义、英国宪章运动、德国西里西亚纺织工人起义。三大工人运动的出现，表明无产阶级作为独立的政治力量登上了历史舞台，开始显示出无产阶级的伟大历史作用。在三大工人运动中，无产阶级提出了自己独立的政治经济要求，冲击着资本主义制度，无产阶级反对资产阶级的斗争由此进入一个新阶段。这三大工人运动的失败，用深刻的教训表明：没有革命理论的指导，无产阶级就不可能取得革命的胜利。因此，创立建立在科学基础上的革命理论，就成为时代的迫切需要。19世纪40年代，马克思恩格斯创立了科学社会主义，这种理论对于后来的社会主义发展起到了重要作用。科学社会主义的产生主要基于以下条件：首先，从经济方面来看，资本主义制度在西欧的一些主要国家最终确立下来以及之后资本主义基本矛盾充分暴露出来，这就是科学社会主义产生的经济条件；其次，从阶级基础来看，现代无产阶级的最终形成以及无产阶级和资产阶级阶级的斗争逐步尖锐化，之后无产阶级作为一支独立的政治力量登上了历史舞台并带动了工人运动的高涨，这就是科学社会主义产生的阶级基础；最后，从思想来源来看，之前谈到的空想社会主义学说，是科学社会主义产生的思想来源。科学社会主义是在吸收了几千年来人类思想和文化发展中的一切优秀成果，尤其是在批判地继承、吸收空想社会主义合理成分的基础上，在深刻分析资本主义社会的发展趋势和科学总结工人阶级斗争实践基础上创立和发展起来的。法国启蒙学者的思想和法国复辟时期历史学家的阶级斗争学说，也曾为科学社会主义理论提供了有益的思想资料。恩格斯曾经指出，“如果不是先有德国哲学，特别是黑格尔哲学，那么德国科学社会主义，即过去从来没有过的唯一科学的社会主义，就决不可能创立”①。关于空想社会主义，恩格斯认为：“他们天才地预示了我们现在已经科学地证明了其正确性的无数真理。”②

空想社会主义（utopian socialism）

又称乌托邦社会主义，是产生于资本主义生产状况和阶级状况尚未成熟时期的一种社会主义学说。是现代社会主义思想的来源之一。空想社会主义者相信在不久的将来可以建立理想的意识形态社会，并为之不懈努力奋斗。这种学说最早见于莫尔的《乌托邦》一书，盛行于19世纪初期的西欧。

科学社会主义可以简述为关于无产阶级解放条件的学说。社会主义从空想发展为科学的关键是唯物史观和剩余价值学说的创立。科学社会主义包含极其丰富的内容，集中到一点，就是科学地论证了社会主义必然代替资本主义的历史趋势，论证了无产阶级埋葬资本主义、建设社会主义和共产主义的伟大历史使命。科学社会主义理论创立以来的历史证明，它的理论是正确的，社会主义具有强大的生命力。

从上述可见，社会主义的出现并不是偶然的，而是社会发展的必然结果，社会主义是历史发展的产物，社会主义代表着人类社会的发展趋势。

二、社会主义体现了效率与平等

回顾社会主义几百年发展的历史，我们可以看出，从空想社会主义开始，不同的历史时期或同一历史时期不同的国家有不同的社会主义流派，不同的流派有不同的代表人物或政党，不同代表人物或政党有不同的关于社会主义的理解，受不同社会主义思潮指导的社会主义运动又有不同的形式，不同形式的社会主义运动往往又有

① 《马克思恩格斯选集》，2版，第2卷，635页，北京，人民出版社，1995。

② 同上书，636页。

不同的结果。几百年来，社会主义思潮此起彼伏，社会主义运动经久不息。社会主义的发展曾多次遭遇腥风血雨，但每次“风雨”之后，我们总能见到彩虹；社会主义发展的历史曾多次被人宣布“终结”，但每次被宣布“终结”之后，又开始孕育新一轮的发展高潮。

对此，人们不禁要问：社会主义运动经久不衰的动力到底是什么呢？人们为什么需要社会主义并一直为之奋斗呢？要回答这一问题，就要弄清楚社会主义的价值到底是什么？分析不同时期不同的社会主义流派的社会主义观，我们发现，不同的社会主义流派存在着一种共同追求的价值目标，即平等和效率。我们认为，正是这两大价值目标始终激励着人们不断地为社会主义而奋斗。

社会主义的这种共同价值是在对资本主义的进一步分析、批判中概括出来的。历史上几乎所有的社会主义流派均认为，社会主义是作为资本主义的对立物产生的，是资本主义发展的产物，它是对资本主义的一种超越。因此，不同的社会主义流派从不同的角度论证，资本主义曾经是一种非常先进的制度，对推动生产力的发展和社会的进步起过巨大的推动作用。但是作为一种社会制度，资本主义有其内在的不可克服的弊端，其最大的弊端有两个：一是它的不平等，它造成财富的两极分化，使穷者愈穷富者愈富，这种经济的不平等进而又导致政治和社会的普遍不平等。时至今日，这种状况仍然没有得到根本改变。二是生产资料私有制与生产的社会化之间的矛盾导致生产的无政府状态，从而极大地降低了劳动生产率，阻碍了社会生产力的进一步发展。也就是说资本主义既无平等，又无效率。这是所有的社会主义者否定资本主义的重要原因，也是不同时期的社会主义者追求平等和效率两大价值目标的重要原因。

过去有些人往往没有从价值目标上去理解什么是社会主义，更多关注的是把社会主义当作一种运动、一种制度（体制），忽视了社会主义最本质的东西。因此，当某一次社会主义运动失败时，他们就认为社会主义已经失败，就认为社会主义不灵了；当某种制度设计在实践运行中暴露出多种弊端时，就认为社会主义本身存在问题，甚至认为社会主义不如资本主义。比如过去曾认为，社会主义等于计划经济，而当计划经济行不通或在实践中遭遇挫折时，有些人就认为社会主义行不通或失败了。过去也曾认为，社会主义模式就是苏联模式的一种，因此当苏联社会主义模式遭遇挫折并最终失败时，有些人就认为社会主义失败了。但一次又一次所谓的"失败"之后，社会主义的两大价值目标却保留下来了。既然不同社会主义流派追求的价值目标是相同的，那么，不同社会主义流派的区别究竟在哪里呢?

我们认为，在两大价值目标的背后，不同的社会主义流派又有三点显著不同：第一，不同时期不同社会主义流派关注的重心不同；第二，不同社会主义流派依据的世界观和方法论不同；第三，不同的社会主义流派依据不同的方法进行的制度设计不同。

先说空想社会主义。恩格斯在《社会主义从空想到科学的发展》一文中写道："现代社会主义，就其内容来说，首先是对现代社会中普遍存在的有财产者和无财产者之间、资本家和雇佣工人之间的阶级对立以及生产中普遍存在的无政府状态这两个方面进行考察的结果。"恩格斯这里所说的"两个方面"，就是指当时资本主义社会中存在的"不平等"（有财产者和无财产者、资本家与雇佣工人）和"无效率"（生产无政府状态）。16 世纪的空想社会主义者就是针对资本主义社会的这两大弊端，提出了满足人的物质和精神需要，促进人的自由而全面发展的理想。他们在进行制度设计时主张：建立一种理想社会，在这一社会中，既没有私有财产，也没有阶级差别，社会成员完全平等。实行生产资料公有，按照计划组织生产，根据需要进行分配，并消除三大差别，进而实现效率的目标。由于当时生产力不发达，物质财富不丰富，早期空想社会主义者们更为关注平等，他们甚至提出要限制人的消费，限制人的物欲。为了消灭社会的不平等而宁肯以牺牲经济发展为代价，为了满足人们的精神需要而宁肯以限制人们的物质需求为代价，这是早期空想社会主义理想值得注意的一个重要特点。欧洲 18 世纪的空想社会主义也是如此。在科技革命的推动下，19 世纪的空想社会主义者开始关注社会主义的两大价值目标。但由于没有找到实现这两大目标的物质力量，因而其设想变成了空想。

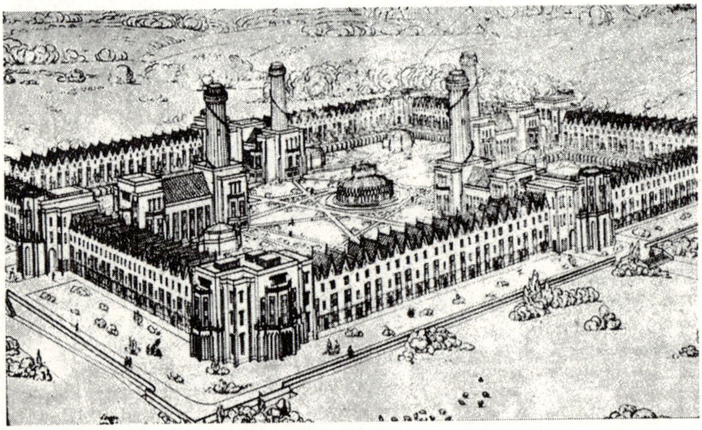

1824 年，欧文前往美国印第安纳州，买下一块土地建立“新和谐公社”，期望构建一个和谐社会。

科学社会主义

以马克思主义哲学尤其是唯物史观为理论基础，以马克思主义政治经济学尤其是剩余价值论为科学依据，论述社会主义产生和发展规律的学说。

与马克思主义同时代的其他社会主义流派，应该说既关注了效率，也关注了平等，但关注的侧重点也有所不同。民主社会主义之所以影响很大，就在于它既注重了效率，也注重了平等。在民主社会主义的发展过程中，西欧社会党、社会民主党、工党举起了两面大旗，既批判资本主义，也批判了社会主义。针对当代资本主义，他们关注的是效率，以为只要解决了资本主义社会的基本矛盾就能够解放和发展生产力，就能满足更多人的需要。针对苏联东欧等现实的社会主义，他们更多的则是指出高度集权的社会主义体制缺乏民主、平等的缺陷，强调平等的作用。所以他们主张吸收资本主义的长处（民主）和社会主义的优势（苏联社会主义发展初期表现出来的经济快速发展），走第三条道路，建立民主的社会主义。我们之所以不承认民主社会主义是科学社会主义，并不是因为它忽视了社会主义的两大价值目标，而是因为它不主张彻底废除资本主义制度，只是主张对资本主义社会进行改良。

马克思主义的科学社会主义之所以是科学的，是因为它既注重平等，又注重效率，并且主张在消灭一切剥削制度的基础上实现这两大价值目标。马克思主义认为，资本主义社会是一个极不平等的社会，不平等的根源是资本主义社会的基本矛盾，即生产资料私有制与生产的社会化之间的矛盾，这一矛盾的最终结果是阻碍了生产力的发展，导致工人阶级的革命。资本主义自身无法解决这一矛盾，必须通过社会主义革命，建立生产资料公有制，才能解放生产力，推动社会的进步。所以，马克思恩格斯设想的社会主义是以人的自由而全面的发展为目的，提出在保证社会劳动生产力高度发展的同时，保证个人最全面的发展，认为生产力的发展程度决定着人的自由发展的程度，生产力的高度发展是实现人的自由而全面发展的实际前提。

马克思恩格斯依据历史唯物主义的理论观点，进行了未来新社会的制度设计，恩格斯在《社会主义从空想到科学的发展》中，将未来社会的特征概括为五个方面：（1）针对资本主义私有制，提出生产资料归社会占有，从而给它的社会进步以充分发展的自由，这意味着私有制和剥削的消灭；（2）针对资本主义生产的无政府状态，提出按照预定的计划进行生产，这意味着商品生产的消除；（3）针对资本主义社会的阶级压迫和阶级剥削，提出随着剥削阶级的消灭，阶级将会消失，阶级差别将不再存在；（4）由于阶级的消亡，政治国家将会消亡，但国家的社会管理职能将会保留下来，最终被自由人的联合体代替；（5）人终于成为自由而全面发展的人。

列宁曾试图在经济文化落后的俄国实现马克思恩格斯在西方发

达国家基础上对未来社会的构想，但在实践中却处处碰壁，因为条件不一样。他在战时共产主义时期所采取的各项措施，如通过国家生产和国家分配制度走向社会主义、建立最纯粹的指令性计划模式等，都意在做到这一点。但在问题充分暴露之后，不得不实行新经济政策，向后“倒退”，以至于列宁在晚年不得不承认，他对整个社会主义的看法根本改变了。列宁在经济文化落后的国家试图解决效率与平等的矛盾，但由于他过早去世，这种探索没有能够坚持下去。斯大林在社会主义建设初期，针对国外资本主义的挑战，应该说既注重了效率，也注重了平等。斯大林社会主义模式的局限性或错误在于把马克思主义的论述绝对化。斯大林进行的制度设计，在生产资料所有制形式方面，以为生产资料公有制越公越纯越好；在经济运行机制方面，错误地把计划经济当作社会主义的本质特征，以为计划经济的控制力越强越好；在分配领域，错误地把绝对平均当作平等，以为越平均越好，结果束缚了生产力的发展，注重了平等，却忽视了效率。由于生产力的发展水平决定着平等的水平，所以，尽管斯大林模式既注重了效率，也注重了平等，但当最初的发展战略的潜力用尽以后，其矛盾就暴露出来。先是特别注重效率，后是特别注重平等，但由于制度设计不好，因而执行的政策是错误的，低效率与低层次的平等共存。

中国特色社会主义理论体系把对社会主义的认识提高到了新的阶段，就在于它对社会主义的认识，既注重了效率，也注重了平等。其中，效率讲的是生产力目标，平等讲的是社会主义价值目标。中国改革开放的总设计师邓小平对社会主义本质的概括就是这两个目标的统一。针对我国生产力落后这一现实，邓小平强调：“贫穷不是社会主义，发展太慢也不是社会主义”①，社会主义的根本任务是解放和发展生产力。这是为了实现比资本主义更高效率的目标。平均

① 《邓小平文选》，1版，第3卷，255页，北京，人民出版社，1993。

主义不是社会主义，两极分化也不是社会主义，社会主义的最终目标是共同富裕。这是为了实现经济上平等的目标。没有民主就没有社会主义，社会主义制度的优越性不仅表现在经济上能够迅速发展生产力，改善人民生活，而且表现在政治上能够创造比资本主义国家的民主更高更切实的民主。这是为了实现政治平等、政治民主的目标。没有精神文明就不可能建设社会主义，“我们要建设的社会主义国家，不但要有高度的物质文明，而且要有高度的精神文明”①。这是为了满足人们精神需要的目标。我们党的基本路线所确定的目标是“为把我国建设成为富强民主文明和谐的社会主义现代化国家而奋斗”。这是经济建设、政治建设、文化建设、社会建设、生态文明建设“五位一体”的奋斗目标，它们相互联系、相互作用，缺一不可。这目标既体现了效率，也体现了平等。改革开放以来，我们逐步建立的中国特色社会主义制度也很好地注意到了这一点。我们党制定的“三步走”发展战略也体现了社会主义的两大价值目标。邓小平之后，“三个代表”重要思想和科学发展观也很好地体现了社会主义发展的两大价值目标。我们之所以说中国特色社会主义理论体系把人们对社会主义的认识提高到新的科学水平，原因就在于我们所选择的发展道路、确立的制度，既符合人类社会发展规律，符合社会主义建设规律，又符合中国社会主义的实际。我们在建设社会主义实践中所进行的制度安排充分体现了社会主义的两大价值目标。今天，我们强调坚持科学发展观，构建社会主义和谐社会，也充分体现了这两大价值目标。

三、社会主义代表了人类的未来

1991年苏联解体之后，国际上的反社会主义学者曾为此弹冠相

① 《邓小平文选》，2版，第2卷，367页，北京，人民出版社，1994。

庆，庆祝社会主义和马克思主义的“失败”。正当西方许多学者为资本主义的“胜利”而高呼、以为资本主义将成为“永恒”时，先是被冷战掩盖的资本主义矛盾充分暴露出来，接着是20世纪末爆发了东南亚金融危机。进入新世纪以来，资本主义的发展并未一帆风顺，先是以美国为代表的资本主义世界遭遇恐怖主义的打击和威胁，再接着又是国际金融危机的爆发。如果说20年前的苏东剧变重创了社会主义，那么，20年后的今天仍未完全结束的国际金融危机则重创了资本主义。“人类向何处去?”这个已经被人们追问过无数次的问题再次摆在世人面前。

回顾社会主义发展的历史尤其是马克思主义发展的历史，我们不难发现，社会主义思想的形成和发展、马克思主义的形成和发展不仅与自然科学的突破有关、与世界各国工人运动的实践有关，而且与资本主义的发展也有十分紧密的联系。社会主义思潮的产生，社会主义从空想到科学、从理论到实践、从实践到制度、从一国到多国的发展都与资本主义遭遇的危机有密切关系。马克思主义产生160多年来，资本主义每遭受一次危机，都会给马克思主义理论创新带来一个新的发展契机。

非常巧合的是，此次国际金融危机开始于十月革命胜利90周年之际，盛行于马克思诞辰190年和科学社会主义诞生160周年之时。所以，此次危机使人迅速想起了马克思，也使人们迅速想起了冷战后一直处于曲折发展中的社会主义。

马克思

第一，危机使“世界重新燃起了对马克思的关注”。通过世界各种媒体，我们可以清楚地看到，金融危机爆发后，位于德国西南边陲特里尔市的马克思故居开始成为旅游热点，马克思的《资本论》在德国一度成为畅销书。德国新电影之父亚历山大·克鲁格决定将《资本论》拍成电影。德国的莱比锡大学（原民主德国的莱比锡卡尔·马克思大学）重新竖立了重达30吨的马克思雕像。据新闻报道，西方国家许多政要也在读马克思的著作，并公开表示赞同马克思的部分观点。就连宗教人士英国坎特伯雷大主教威廉斯也给予了主张无神论的马克思正面评价："长久以前，马克思就窥探到了资本主义的运转之道。"罗马教皇也赞扬马克思对资本主义有"绝佳的分析技巧"。还有许多著名学者也加入到关于马克思主义的讨论之中，国际范围内关于马克思学说的学术讨论会也在不同地区召开。危机使许多人意识到："马克思还活着"！危机也使西方一些学者发出这样的感慨：伴随危机热起来的"为什么是马克思"？

第二，危机使人想起了社会主义。社会主义思想的发展历程表明，每当资本主义遭遇危机时，人们自然就会想到资本主义的替代方案，自然也就想起"社会主义"。危机过程中，当西方国家纷纷向银行注资试图拯救本国经济时，国际舆论甚至形成了社会主义的"大合唱"。当美国政府用7 000亿美元救市时，美国舆论则称这是"美国特色的社会主义"。针对欧美各国采取的救市行动，欧元太平洋资本总裁施夫说："这项行动代表着这个国家迈向社会主义最大的步伐，标志着美国曾经引以为自豪的自由市场经济的终结。"前德意志银行高管罗杰·依伦伯格用"我们已经跨越了从资本主义到社会主义的红线"来评论美国政府对这次华尔街危机的反应。[①] 委内瑞拉总统乌戈·查韦斯批评布什对美国私人金融公司进行预算支持的决定，他用嘲讽的语气说："布什同志开始走向社会主义。"

第三，危机也促使人们积极探索走出危机的方法和途径。在这

① 参见《外媒称美国大步迈向美国特色社会主义》，载《环球时报》，2008-09-24。

种探索中，“社会主义”、“新社会主义”和“21世纪的社会主义”成为替代现有资本主义的最佳方案。如英国著名经济学家、伦敦经济学院教授理查德·塞尼特从经济学的角度，以对比分析的方法阐述了“西方为何走社会主义道路”。他认为，西方正在走向金融社会主义。不仅如此，他还主张这种公有制“需要从金融行业扩大到制造业和服务业”，因为在目前私有化的情况下，“欧洲和美国有很多产业和服务性企业不能在全球经济中存活”。塞尼特甚至断言：“在当前形势下，西方经济无法自我维系。就我们所知，私营企业是一台制作粗糙的笨拙机器，如果我们不采取措施，它就会减少机遇，降低员工的生活水平。”① 有的西方学者认为，美国这次金融风暴导致的经济危机是自由资本主义的失败，美国无论从哪方面讲都逃不出走社会主义道路的结局，美国共产党也正借此机会，探索“美国特色的社会主义”。西方有些学者甚至在讨论美利坚合众国（USA）是如何演变成美利坚社会主义合众国（the United Socialist States of America，USSA）的。

此次国际金融危机的爆发和演变告诉我们，马克思主义仍然是我们认识世界和改造世界的强大武器，社会主义仍然代表着人类社会的未来。马克思恩格斯基于理性分析而对资本主义的批判和对未来更美好社会的设想是科学的，马克思关于资本主义危机的分析至今仍然具有重要的理论意义和现实意义，那种马克思主义已经“过时”了、社会主义已经“失败”了的断言已被证明是毫无根据的。

对于社会主义中国来说，马克思主义这一“老祖宗”确实丢不得，丢了就会丧失根本。科学社会主义的原则违背不得，否则我们就会走上改旗易帜的邪路。但问题是，如何运用马克思主义基本原

---

① ［英］理查德·塞尼特：《西方应走社会主义道路》，载《金融时报》，2008-10-16。

马克思和恩格斯的雕像。2008年席卷全球的金融危机爆发后，西方社会再度兴起了“马克思主义”热。

理来研究分析这次金融危机并找到解决危机的出路，如何遵循科学社会主义的基本原则并深化对社会主义发展规律的认识，如何根据新的形势发展马克思主义并实现马克思主义的与时俱进？这无疑是现实社会主义发展面临的首要问题。胡锦涛同志在庆祝中国共产党成立90周年大会上的讲话中指出：“在新的历史条件下坚持马克思主义，关键是要及时回答实践提出的新课题，为实践提供科学指导。”① 党的十八大报告明确指出：“我们一定要毫不动摇坚持、与时俱进发展中国特色社会主义，不断丰富中国特色社会主义的实践

乌托邦（Utopia）

本意为“没有的地方”或者“好地方”。延伸为还有理想，不可能完成的好事情，其中文翻译也可以理解为“乌”是没有，“托”是寄托，“邦”是国家，“乌托邦”三个字合起来的意思即为“空想的国家”。空想社会主义的创始人托马斯·莫尔（英国人）在他的名著《乌托邦》中虚构了一个航海家航行到一个奇乡异国“乌托邦”的旅行见闻。在那里，财产是公有的，人民是平等的，实行着按需分配的原则，大家穿统一的工作服，在公共餐厅就餐，官吏由秘密投票产生。他认为，私有制是万恶之源，必须消灭它。

① 胡锦涛：《在庆祝中国共产党成立90周年大会上的讲话》，见中央政府门户网，2011-07-01。

特色、理论特色、民族特色、时代特色。”① 此次国际金融危机以及随之而来的经济危机、社会危机和政治危机，虽然给发展科学社会主义带来了系列挑战，但也带来了难得的机遇，也给发展社会主义提出了一系列新课题。

社会主义作为一种思潮，如果从莫尔的《乌托邦》算起，已经形成和发展了近 500 年；社会主义作为一种实践，如果从巴黎公社革命算起，已经发展了 100 多年；社会主义作为一种制度，如果从俄国十月革命算起，已经发展了近百年。社会主义传入中国已经一个多世纪，中国人民在中国共产党的领导下为之奋斗已经快一个世纪；社会主义制度在中国的建立也超过了半个世纪。社会主义给整个人类历史带来的变化是巨大的，给整个中华民族带来的影响也是巨大的。

① 胡锦涛：《坚定不移沿着中国特色社会主义道路前进 为全面建成小康社会而奋斗——在中国共产党第十八次全国代表大会上的报告》，13 页，北京，人民出版社，2012。

第二章

社会主义制度具有无比优越性

现实社会主义从建立的那天起，就处在资本主义的包围之中，生产力发展的先天不足和外部环境的极端恶化，使社会主义的发展困难重重。但即使如此，我们仍可以清楚地看到，社会主义制度从建立之日起，就充分展示了它的优越性。

一、社会主义的优越性突出表现在以人为本

何谓“优越性”? 根据相关解释，优越性主要是指占优越的特性或过多的细节。所谓社会主义制度的优越性，就是指社会主义制度在同资本主义制度和其他社会制度的比较、竞争中所发挥的独特优势。

从社会主义的价值看，社会主义主要体现了平等与效率。那么，从制度优越性的角度来看，社会主义的优越性最主要的是强调以人为本，突出人的自由而全面的发展。人是社会交往、社会建构和社会发展的本质和目的。人的自由而全面的发展，是社会发展的根本取向和最高价值，是衡量社会发展和历史进步的最高价值尺度。

马克思主义创始人认为，共产主义作为一种社会革命的过程，最终目的是使人得到自由而全面的发展。以往的各种社会形态对于推进作为总体的人的发展有其进步作用，但在这些社会形态中，人的发展是片面的和不公正、不合理的，一些人的发展以另一些人的发展权被剥夺为前提，因而注定要为更高级的社会形态——共产主义社会所代替。因此，谋求人的自由而全面的发展，既是社会主义社会未来发展的一种理想目标，同时也是社会主义社会应确立的价值目标。

共产主义（Communism）

一种政治信仰或社会状态，现今的共产主义奉马克思恩格斯思想为基本思想。共产主义主张消灭私有产权，并建立一个没有阶级、没有国家和政府，进行集体生产的社会。共产主义设想未来的所有阶级社会将最终过渡成为共产主义的无阶级社会。

社会主义制度是以人为本的制度。实现人的自由而全面的发展，是社会主义的本质所在。社会主义只有更大程度地实现人的自由而全面的发展，才能真正超越资本主义。在社会主义革命、建设和改

革的实践中，只有做到充分反映人民群众的根本利益和愿望要求，重视促进人的全面发展，我们的事业才会兴旺发达、社会主义的优越性才能充分体现。人越全面发展，积极性和主动性越高，社会的物质文化财富就会创造得越多，人民的生活就越能得到改善。

二、社会主义制度优越性的理论阐释

在马克思主义看来，人类历史是一部自然史，新文明取代旧文明、新社会取代旧社会、新制度取代旧制度，如同自然界新陈代谢和人类进化一样，是一个不可阻挡的历史过程。一种新社会形态之所以能够取代旧社会形态，就是因为新社会形态往往要比前一个社会形态优越。而旧的社会形态之所以能够被新社会形态取代，根本原因是生产力发展的结果。资本主义制度替代封建制度，是因为封建的生产关系“不再适应已经发展的生产力了”①。而资本主义社会之所以要被社会主义替代，是因为它“所拥有的生产力已经不能再促进资产阶级文明和资产阶级所有制关系的发展；相反，生产力已经强大到这种关系所不能适应的地步，它已经受到这种关系的阻碍”②。在马克思恩格斯看来，社会主义替代资本主义如同资本主义替代封建主义一样，都是生产力发展的结果。他们的这一思想，被列宁继承了下来。列宁曾明确指出：“劳动生产率，归根到底是使新社会制度取得胜利的最重要最主要的东西。资本主义创造了在农奴制度下所没有过的劳动生产率。资本主义可以被最终战胜，而且一定会被最终战胜，因为社会主义能创造新的高得多的劳动生产率。”③“共产主义就是利用先进技术的、自愿自觉的、联合起来的工人所创

① 《马克思恩格斯选集》，2 版，第 1 卷，277 页，北京，人民出版社，1995。
② 同上书，278 页。
③ 《列宁选集》，3 版，第 4 卷，16 页，北京，人民出版社，1995。

造的较资本主义更高的劳动生产率。”①

由此可见，在马克思主义经典作家那里，能否促进生产力的发展是衡量一种制度是否优越的关键因素。当然，马克思主义经典作家在批判旧世界中发现新世界，还针对资本主义社会存在的多种弊端设想了未来理想社会的蓝图，展示了社会主义制度的优越性。

毛泽东继承了马克思主义经典作家的思想，看到了社会主义制度替代资本主义制度的历史必然性和社会主义制度本身的优越性。第一，他认为，社会主义的优越性体现在生产力的快速发展上。1945 年 4 月，在《论联合政府》中，他就明确指出：“中国一切政党的政策及其实践在中国人民中所表现的作用的好坏、大小，归根到底，看它对于中国人民的生产力的发展是否有帮助及其帮助之大小，看它是束缚生产力的，还是解放生产力的。”② 第二，社会主义制度的优越性也体现在社会快速进步上。他说：“苏联人民在共产主义建设事业上所取得的伟大成就，无可置辩地表明了社会主义制度对资本主义制度的无比的优越性。”③ 他强调：“社会主义和资本主义比较，有许多优越性，我们国家经济的发展，会比资本主义国家快得多。”④ 第三，他认为，社会主义的优越性还体现在民主制度方面。1951 年 10 月，在全国政协一届三次会议上的讲话中，毛泽东指出：“一切事实都证明：我们的人民民主专政的制度，较之资本主义国家的政治制度具有极大的优越性。”⑤

党的十一届三中全会以来，中国改革开放的总设计师邓小平特别强调社会主义制度的优越性。第一，生产力发展太慢不是社会主

---

① 《列宁选集》，3 版，第 4 卷，17 页，北京，人民出版社，1995。
② 《毛泽东选集》，2 版，第 3 卷，1079 页，北京，人民出版社，1991。
③ 《建国以来毛泽东文稿》，587 页，北京，中央文献出版社，1996。
④ 《毛泽东文集》，第 8 卷，302 页，北京，人民出版社，1999。
⑤ 《毛泽东文集》，第 6 卷，184 页，北京，人民出版社，1999。

义制度的优越性。他根据唯物史观“生产力是一切社会发展的最终决定力量”的观点，把社会主义的优越性首先归结在生产力的发展上。他指出：“社会主义制度优于资本主义制度。这要表现在许多方面，但首先要表现在经济发展的速度和效果方面。没有这一条，再吹牛也没有用。”① “如果在一个很长的历史时期内，社会主义国家生产力发展的速度比资本主义国家慢，还谈什么优越性？”② 第二，贫穷不是社会主义制度的优越性。针对国内曾一度流行的“宁要贫穷的社会主义、不要富裕的资本主义”的错误观点，他指出：“搞社会主义，一定要使生产力发达，贫穷不是社会主义。我们坚持社会主义，要建设对资本主义具有优越性的社会主义，首先必须摆脱贫穷。”③ 第三，“社会主义最大的优越性就是共同富裕”④。针对资本主义社会出现的两极分化等问题，他特别强调“共同富裕”，并把它当作社会主义必须坚持的原则，当作社会主义的本质。第四，社会主义制度的优越性还体现在政治、文化发展方面。他强调，社会主义要在文化上创造出比资本主义更高的文明，“在政治上创造比资本主义国家的民主更高更切实的民主”⑤。此外，邓小平还强调：“社会主义同资本主义比较，它的优越性就在于能做到全国一盘棋，集中力量，保证重点。”⑥

党的十三届四中全会以来，江泽民同志在继承毛泽东、邓小平关于社会主义制度优越性的主要观点的基础上，从贯彻落实“三个代表”重要思想的高度进一步论证了社会主义的优越性。江泽民同志强调，社会主义制度的优越性主要体现在：一是生产力的高度发

① 《邓小平文选》，2版，第2卷，251页，北京，人民出版社，1994。
② 同上书，128页。
③ 《邓小平文选》，1版，第3卷，225页，北京，人民出版社，1993。
④ 同上书，364页。
⑤ 《邓小平文选》，2版，第2卷，322页，北京，人民出版社，1994。
⑥ 《邓小平文选》，1版，第3卷，16～17页，北京，人民出版社，1993。

展。由此决定，中国共产党要始终代表中国先进生产力的发展要求。二是比资本主义更先进的文化。由此决定，中国共产党要始终代表中国先进文化的前进方向。三是反映最广大人民的根本利益。由此决定，中国共产党要始终代表最广大人民的根本利益。四是比资本主义更高的政治文明。由此决定，中国必须坚持政治体制改革的正确方向，着力加强社会主义政治文明建设。五是人的全面发展。由此可见，在“三个代表”重要思想中，社会主义优越性的体现不是单一的，而是全面的。社会主义制度的优越性体现在物质文明、精神文明、政治文明和人的全面发展等几个方面。

党的十六大以来，胡锦涛同志在多种场合也谈到社会主义制度的优越性，如2008年10月在全国抗震救灾总结表彰大会上的讲话，同年11月在庆祝神舟七号载人航天飞行圆满成功大会上的讲话，同年12月在纪念党的十一届三中全会召开30周年大会上的讲话，都谈到过社会主义制度的优越性问题。2011年，胡锦涛同志在庆祝中国共产党成立90周年大会上的讲话中指出，我们坚持的中国特色社会主义制度“有利于保持党和国家活力、调动广大人民群众和社会各方面的积极性、主动性、创造性，有利于解放和发展社会生产力、推动经济社会全面发展，有利于维护和促进社会公平正义、实现全体人民共同富裕，有利于集中力量办大事、有效应对前进道路上的各种风险挑战，有利于维护民族团结、社会稳定、国家统一”①。这“五个有利于”全面反映了中国共产党人对社会主义制度优越性的认识。

从上面的论述来看，相对于资本主义制度存在的各种弊端，社会主义制度的优越性主要体现在以下几个方面：一是比资本主义更高的生产力，这是首要标准，是社会生产力的发展问题，强调的是

① 胡锦涛：《在庆祝中国共产党成立90周年大会上的讲话》，见中央政府门户网，2011-07-01。

“效率”问题；二是比资本主义更高的平等，即代表多数人的利益，实现共同富裕，这是生产关系问题，强调的是“公平”；三是比资本主义更高的文明，包括比资本主义更高的精神文明和政治文明，这是政治、文化发展问题，涉及人的思想道德素质、科学文化素质和政治素质的提高，即人的全面发展；四是比资本主义更强的凝聚力和整合力，即能调动广大人民群众的积极性、主动性、创造性，能集中力量办大事，能保证国家的统一、民族的团结和社会稳定，这涉及社会的全面发展问题，更深层次地体现出社会主义的价值。

三、社会主义制度优越性的实践证明

实践是检验真理的唯一标准。社会主义制度的优越性是具体的、历史的，必须放在社会主义发展的历史进程中去考察，放在社会主义制度的实践中去检验，放在社会主义与资本主义实践的比较中去考量。俄国十月革命胜利之后，列宁曾说：“现在一切都**在于实践**，现在已经到了这样一个历史关头：理论在变为实践，理论由实践赋予活力，由实践来修正，由实践来检验”①。“对俄国来说，根据书本争论社会主义纲领的时代也已经过去了，我深信已经一去不复返了。今天只能根据经验来谈论社会主义。”② 因此，认识社会主义制度的优越性，必须建立在正确认识资本主义发展历史进程和社会主义发展历史进程的基础之上，必须建立在社会主义发展的历史经验基础之上。

第一，从与资本主义制度的比较中看社会主义的优越性。

社会主义制度的优越性是相对于资本主义制度而言的，但在人

① 《列宁选集》，3 版，第 3 卷，381 页，北京，人民出版社，1995。

② 《列宁全集》，中文 2 版，第 34 卷，466 页，北京，人民出版社，1985。

类社会发展进程中，资本主义并非一无是处。资本主义与封建主义相比较，是一大进步。资本主义制度在其实践过程中，曾显现出它相对于封建主义的优越性。马克思恩格斯在《共产党宣言》中曾对此给予高度的肯定。但资本主义的确不是一种美好的制度，在资本主义原始积累时期，第一个资本主义国家——英国曾制造了历史上著名的“羊吃人”的凄惨景象。欧洲新兴的资产阶级为积累财富，曾远渡重洋，进行过血腥的殖民掠夺。在资本主义由自由竞争向垄断过渡时期，由于资本主义发展不平衡，资本主义国家为了争夺势力范围，曾发动过两次世界大战，直接或间接造成全球两亿多人伤亡。实践表明，资本主义发展的历史是一部血淋淋的历史。正如马克思在《资本论》中所说：“资本来到世间，从头到脚，每个毛孔都滴着血和肮脏的东西。”①

《共产党宣言》

又译《共产主义宣言》，是马克思恩格斯为共产主义者同盟起草的纲领，是国际共产主义运动的第一个纲领性文献、马克思主义诞生的重要标志。1848 年 2 月在伦敦第一次以单行本发行。第一次全面系统地阐述了科学社会主义理论，指出共产主义运动已成为不可抗拒的历史潮流。

就现实资本主义来看，虽然当今世界最发达的国家都是资本主义国家，但最不发达的国家也都是资本主义国家。据世界银行统计，截至 2002 年，全球最不发达国家增加到 50 个，它们建立的都是资本主义制度，资本主义并没有使它们发达起来，反而使其越来越落后。有许多国家在选择资本主义制度之后，饥饿和贫困问题越来越严重。全球范围内的两极分化与民族国家内部的两极分化问题越来越突出，这些问题又与精神危机、能源危机、气候危机、金融危机、经济危机、政治动荡等交织在一起，构成对人类生存的威胁。

① 《马克思恩格斯全集》，中文 1 版，第 23 卷，829 页，北京，人民出版社，1972。

资本主义经济危机的爆发呈现周期性的特点。图为 1929 年 10 月，纽约股市崩溃时，乔治·华盛顿像周围聚集的群众。这次股市崩溃引发了持续数年的全球经济“大萧条”。

仅就发达资本主义国家而言，发达资本主义国家的基本矛盾并没有缓和，反而又有了新的表现。其内部的贫富两极分化也极为严重，资本主义生产的无限扩张使经济增长与人类生存的矛盾激发。目前尚未结束的金融危机表明，正是资本主义制度造成的“过度的需求”创造了庞大的经济泡沫；正是发达资本主义国家倡导的“过度的消费”和“过度的负债”最终导致实体经济难以为继；正是发达资本主义国家金融产品的过度创新、过度虚拟最终导致监控失效；正是资本主义国家对美国新自由主义政策的过度追捧而使金融危机波及整个世界。一句话，资本主义制度出了问题，它束缚了生产力的发展，没有解决效率问题；它使两极分化更加严重，没有解决公平问题；它只代表少数银行家、金融家的利益，因而带来了经济危机、政治危机。发生在美国的“占领华尔街”行动、发生在英国的骚乱、发生在埃及和叙利亚的危机等，都充分说明资本主义制度存在的合法性正在逐步丧失。

实践一再证明，马克思所揭露的资本主义弊端，今天并未消除，而且有了新的表现。不看到资本主义制度存在的弊端，就不了解资本主义制度的本质，就难以凸显社会主义制度所具有的优越性。

第二，社会主义实践取得的辉煌成就已证明了社会主义制度的优越性。

占领华尔街

2011年9月17日，上千名示威者聚集在美国纽约曼哈顿，试图占领华尔街，有人甚至带了帐篷，扬言要长期坚持下去。他们通过互联网组织起来，要把华尔街变成埃及的解放广场。示威组织者称，他们的意图是要反对美国政治的权钱交易、两党政争以及社会不公正。

社会主义并未像马克思恩格斯所设想的那样，率先在西方发达国家建立，而是建立在经济文化落后的基础之上。从建立的那天起，它就处在资本主义的包围之中，生产力发展的先天不足和外部环境的极端恶化，使社会主义的发展困难重重。但即使如此，我们仍可以清楚地看到，社会主义制度从建立之日起，就充分展示了它的优越性。

苏联是人类历史上第一个社会主义国家。十月革命之后，在列宁、斯大林领导下，苏联进行了几十年的社会主义建设，落后面貌得到了改变。十月革命之前，俄国是欧洲的一个落后国家，工农业总产值仅相当于美国的6.9%，但在列宁斯大林的领导下，经过短短几十年时间的发展，就成为欧洲第一工业强国，为后来的发展打下了基础。正如毛泽东所讲："苏联人民在一个不长的历史时期内，把一个贫穷落后的俄国建设成为先进的强大的社会主义国家，并且在征服宇宙空间方面，把西方国家远远地抛在后面。这充分显示了苏联人民的伟大创造性和社会主义制度的无比优越性。"①

中国的社会主义制度是建立在半殖民地半封建社会的基础之上

① 《建国以来毛泽东文稿》，第11册，214页，北京，中央文献出版社，1996。

的。社会主义制度在中国的建立至少显示出如下优越性：其一，它使中国彻底结束了100多年来受压迫、受奴役、受侵略的黑暗历史，彻底结束了旧中国四分五裂、民不聊生的黑暗历史，彻底结束了在中国绵延几千年的封建专制统治的黑暗历史。其二，它使一个曾经一穷二白的经济文化落后国家，变成了一个初步繁荣昌盛、充满生机活力的社会主义国家，大大促进了社会生产力的发展。其三，它使中国实现了从几千年的封建专制政治向社会主义民主政治的伟大跨越。人民民主专政的国家政权不断巩固，中国人民真正成为国家、社会和自己命运的主人。其四，它使中国的国际地位空前提高，中国已经成为世界舞台上举足轻重的力量。尽管在前进的过程中，也曾有过这样那样的失误、挫折和教训，但总体上说，中国共产党领导全国人民进行社会主义革命、建设和改革取得的巨大成就，极大地推动了中国社会的发展和进步。通过历史与现实的比较，人们可以清楚地看到：经过新中国成立之后60多年，尤其是改革开放30多年的发展，中国之所以有今天这样的局面，归结起来就是确立和不断完善了中国特色社会主义制度。新中国成立60多年的辉煌成就，就是中国特色社会主义制度优越性的生动体现。

社会主义实践表明，社会主义制度作为一种崭新的社会制度，自其产生以来，在以下几个方面充分显示了它的优越性：其一，社会主义制度以解放和发展生产力为根本任务，极大地解放了生产力。它不是建立在私有制的基础上，而是在公有制的基础上发展生产力，从根本上解决了生产的社会化与生产资料私人占有之间的矛盾，从而为生产力的发展开辟了广阔的道路。其二，社会主义制度以实现共同富裕为目标，最大限度地体现了社会公平。它建立了以按劳分配为主体的分配方式，不断扩大社会福利，实现社会平等，从而避免了资本主义条件下的两极分化。其三，社会主义制度的建立，彻底改变了人民群众受压迫受剥削的社会地位，广大无产阶级和劳动人民成为国家的主人，从根本上保证了工人、农民、知识分子和一切爱国人士管理国家、社会事务的权利和他们的民主权利。其四，社会主义显示出比资本主义更强的凝聚力。它不像资本主义制度把自身的发展建立在对内剥削、对外掠夺的基础上，而是依靠社会主义的制度优势，充分调动广大人民群众的积极性、主动性、创造性，自力更生、艰苦奋斗，实行对内改革、对外开放，通过充分利用本土资源，不断完善和发展自己。

第三，近年来发生重大自然灾害时成功的抢险救灾凸显了社会主义制度的优越性。

近年来，中国对重大自然灾害的成功应对，凸显了坚持以人为本，着力实现好维护好发展好最广大人民群众的利益，彰显了社会主义制度的价值追求。

社会主义与资本主义的根本区别在于，社会主义以“社会”为本，而资本主义以“资本”为本。因为社会是人的社会，人是社会的人，所以社会主义始终坚持以人为本，始终代表着最广大人民群众的利益，始终着眼于人的自由而全面的发展，始终以实现全人类的解放为最高目标。这是马克思主义的根本立场，是中国共产党人思考和解决一切问题的出发点和归宿，也是科学发展观的核心。

2008 年的汶川大地震是新中国成立以来我国震级最大、范围最广、破坏性最为严重的特大地震。震区约 50 万平方公里，波及 16 个省市，受灾面积比许多国家的国土面积还大；受灾人口达 4 600 多万，比许多中等国家的全国人口还多。如此严重的地震灾难发生后，党中央迅速作出反应，把救人作为第一要务。中央领导反复强调：“一切为了人民”，“救人是第一要务”。党和政府以国民的生命危机为国家的最高危机，以国民的生命尊严为国家的最高尊严，以整个国家的力量去拯救一个个具体的生命。一时间，人的生命高于一切、先于一切、重于一切，已经成为整个国家的最强音。争分夺秒拯救生命，成为全民族的共识。于是，党和国家领导人冒着余震不断的风险，相继来到抗震救灾第一线；于是，10 万救灾大军雷霆出击，战胜重重困难，用最短的时间到达全部受灾乡镇和村庄；于是，近10万医务人员进入灾区，共收治伤病人员近300万人次。在救灾过程中，党和政府妥善安置了受灾群众，全面保障了灾区人民的基本生活；迅速抢修了基础设施，尽快恢复了灾区生产；采取一切措施严密防范次生灾害，努力避免伤亡损失。党和政府正是以这样快速的行动，向祖国人民、向全世界兑现自己对人的尊重、对生命的礼遇。

在灾后恢复重建过程中，党和政府确立了“深入贯彻落实科学发展观，坚持以人为本、尊重自然、统筹兼顾、科学重建”的指导思想，明确了“家家有房住、户户有就业、人人有保障、设施有提高、经济有发展、生态有改善”的灾后重建目标。整个恢复重建工作，一切都围绕着灾区的民生问题展开，都围绕着灾区的科学发展和生活质量的提高展开。从妥善安置受灾群众生活，加快城乡居民住房建设，重建公共服务设施和重点基础设施，到扩大就业，防范次生灾害，再到生态修复、环境整治和土地整理复垦等各项工作，都把人民利益放在首位，把“以人为本”落到了实处。

抗震救灾的胜利和恢复重建的基本完成，充分体现了社会主义

抗震救灾的胜利和恢复重建的基本完成，充分体现了社会主义“以人为本”的价值追求。图为2011年的北川新县城。

"以人为本"的价值追求，充分体现了社会主义制度珍爱生命、保护人民的本质，充分反映了中国特色社会主义制度确保了人民当家作主、视人民利益高于一切的制度特色，充分展示了中国共产党立党为公、执政为民的执政理念。这种"以人为本"的理念，在2010年的玉树抗震救灾和灾后重建、2011年利比亚危机时撤回侨民、日本地震海啸时迅速转移国民中得到了进一步体现，彰显了社会主义的巨大优越性和强大生命力，增强了中国人民和中华民族的自豪感和凝聚力。

第四，社会主义制度的优越性还将随着制度的完善而进一步展现。

在马克思主义经典作家那里，社会主义制度的优越性是科学的预测，是一种应然状态。而现实社会主义制度的优越性在实践中的体现才是实然状态。

历史经验表明，应然与实然之间总是存在着或大或小的差距。现实社会主义制度在其实践过程中，已初步显示了它的优越性，但社会主义制度优越性的实然表现与应然之间仍然存在着较大的差距，这又在一定程度上增加了概括提炼社会主义制度优越性的难度。不可否认，社会主义在实践中确实出现过许多问题，比如苏联的肃反扩大化、中国的"文化大革命"等。针对苏联社会主义建设中的失误，邓小平曾指出：斯大林严重破坏社会主义法制，"这样的事件在英、法、美这样的西方国家不可能发生"①。针对中国社会主义建设中的曲折，邓小平指出："党和国家现行的一些具体制度中，还存在不少的弊端，妨碍甚至严重妨碍社会主义优越性的发挥。"②

正因为如此，改革开放以来，我们党一直强调要加强党和国家领导制度的改革，通过改革来完善社会主义制度。这也表明，社会

---

① 《邓小平文选》，2版，第2卷，333页，北京，人民出版社，1994。

② 同上书，327页。

主义制度的建立，并不等于社会主义制度的优越性会自动表现出来。我们只能用相对的眼光来看待社会主义制度的优越性，不能因为社会主义制度不够完善而否定社会主义制度的优越性。

同样不可否认的是，现实社会主义在发展中还存在着许多问题，如在当今中国，贫富收入差距较大，地区发展不平衡严重，公共权力的腐败现象突出，民众的政治参与渠道不畅通，思想道德领域内也暴露出不少的问题。“社会主义的中国在经济、技术、文化等方面现在还不如发达的资本主义国家，这是事实。但是这不是社会主义制度造成的，从根本上说，是解放以前的历史造成的，是帝国主义和封建主义造成的。”①

因此，我们在概括社会主义制度的优越性时，还必须弄清楚，现实社会主义发展中存在的问题，到底哪些与制度有关，哪些是因为制度不完善造成的，哪些又是因为社会主义制度优越性发挥得不够充分造成的。我们要以发展的眼光看待社会主义制度的优越性，不能因为现实社会主义还存在着这样那样的问题，而否定社会主义制度的优越性。

总之，当我们理性地认识社会主义制度的优越性时，既不能因为社会主义曾经取得过辉煌成绩而夸大社会主义制度的优越性，也不能因为苏东剧变、社会主义在实践中出现过错误、现实社会主义在发展中还面临着诸多复杂问题，而否认社会主义制度的优越性。关于社会主义制度的优越性，我们不仅应该从理论上概括，更应该从社会主义发展的实践经验中提炼。要相信：“我们的制度将一天天完善起来，它将吸收我们可以从世界各国吸收的进步因素，成为世界上最好的制度。这是资本主义所绝对不可能做到的。”②

---

① 《邓小平文选》，2 版，第 2 卷，166～167 页，北京，人民出版社，1994。

② 同上书，337 页。

第三章

走社会主义道路是中国人民的历史选择

中国走上了社会主义道路，归根结底是中国人民包括工人、农民、民族资产阶级、小资产阶级和其他社会阶层人士共同作出的选择，是历史发展的必然结果。

党的十八大报告指出："道路关乎党的命脉，关乎国家前途、民族命运、人民幸福。在中国这样一个经济文化十分落后的国家探索民族复兴道路，是极为艰巨的任务。"中国是社会主义国家，中国走的是社会主义道路，这是一个客观事实。然而，对于中国在20世纪50年代中期走上社会主义道路这一历史事实，存在着一些不清醒的认识和质疑的声音。有一种观点认为，中国走上社会主义道路是"历史性的误会"，是"主观意志的产物"。要澄清这样的疑问，只有回顾近现代中国的发展轨迹，重温100多年的风云岁月，让历史本身来作出回答，才最有说服力。

走社会主义道路，是中国共产党领导民主革命和社会主义革命成功后的一个客观结果。中国人民对社会主义道路的历史选择，是通过选择中国共产党的领导来实现的。而中国人民最终选择中国共产党的原因，要从近代中国的特殊国情和曲折发展历程中去探寻。

一、晚清时期各种势力对国家出路的探索

中华民族曾创造了辉煌的古代文明，这些文明成就不仅发展程度高，而且能够历经天灾人祸而长期延续下来，在整个世界的古代文明中可谓首屈一指，为人类进步作出了杰出贡献，确实值得我们骄傲和自豪。中国经历了漫长的封建社会，清王朝是最后一个封建王朝。在清朝统治时期，东西方的历史走向出现了巨大的反差，中国与西方的差距逐步加大。1644年，清军入关在北京建立一个新的封建王朝；大约同时，1640年英国资产阶级革命爆发，标志着世界历史开始进入资本主义时代。至18世纪，英国、美国、法国等先后通过资产阶级革命建立了资产阶级政权，为资本主义的发展提供了政治前提。已经18世纪中期，当清王朝还陶醉在所谓的康乾盛世时，英国纺织业中已经开始了产业革命，生产力水平得到极大提高。到19世纪三四十年代，英国已完成产业革命，法国和美国的主要工

业部门也都用大机器生产取代了工场手工业，而当时的清王朝正值嘉庆道光年间，已是衰相毕露，呈现出历代封建王朝末期都曾有过的没落气象。此时的中国，无论是生产力的发展和科技水平的提高，还是经济制度和政治制度的变革，都已经远远落后于西方资本主义国家。

西方资本主义强国的兴起和中国的衰落，并非互不相干的两条道上跑的车。西方强国的对外殖民扩张，对中国的发展产生了直接的影响。殖民主义是适应西方资本主义的发展要求而产生的。因为资产阶级的本质就是唯利是图，为了获得更多的利润，他们要求更广阔的国外市场和原料供应地，这就推动了西方资本主义强国向全世界急剧扩张、建立殖民主义体系。西方强国对亚洲、非洲、美洲、大洋洲等地区人民的掠夺、压迫和奴役，是与资本主义生产方式的演进相伴随的。在这个血腥的过程中，很多国家和地区陆续沦为西方强国的殖民地和半殖民地，没落的清王朝也无法避免这一厄运。1840 年，英国发动了侵略中国的鸦片战争。以此为发端，中国就一直处于被帝国主义列强侵略、压迫的境地，几乎所有的帝国主义国家都参与了对中国的掠夺。他们直接武装侵略，强迫中国签订了一系列不平等条约，对落后的中国进行经济掠夺、政治控制和文化渗透。随着外国资本主义的入侵，中国的社会性质开始发生质的变化，逐步沦为半殖民地半封建社会。古老的中国遇到了空前严重的挑战，面临着极其深重的亡国灭种的危机。

为了拯救民族危亡，农民阶级、地主阶级洋务派、资产阶级维新派、资产阶级革命派都从各自的阶级立场出发，提出了不同的主张和方案，为灾难深重的中国探索出路。

农民阶级先后在 19 世纪中叶和 19 世纪末 20 世纪初发动了太平天国农民起义和义和团运动。太平天国起义历时 14 年之久，席卷 18 个省，攻克 600 多座城市，建立了与清王朝相对峙的政权，是中国旧式农民战争的最高峰。起义强烈地撼动了清政府的统治根基，有力地打击了外国侵略势力。义和团运动显示了中国人民不畏强暴、敢与敌人血战到底的英雄气概，打击和教训了帝国主义者，粉碎了西方列强瓜分和灭亡中国的图谋。然而，农民不是新的生产力和生产关系的代表，他们无法克服小生产者所固有的阶级局限性，因而也就无法提出完整的、正确的政治纲领和社会改革方案；他们无法找到科学的思想理论作为指导，只能以宗教或者迷信来发动组织群众；他们对西方侵略缺乏理性的认识，甚至出现过笼统排外的错误。太平天国起义和义和团运动的失败表明，在半殖民地半封建的中国，农民具有伟大的革命潜力，但它注定不能成为近代革命的领导阶级，它无法担负起领导反帝反封建斗争取得胜利的重任。

以奕䜣、曾国藩、李鸿章、左宗棠、张之洞等为代表的地主阶级洋务派，是清朝统治阶级中部分对时局有着比较清醒认识的官员。他们认识到，西方列强是中国数千年未曾遇见过的强敌，当前的局势是数千年未曾遭遇过的变局。为了应对强敌，挽救清政府的统治危机，他们在 19 世纪 60 年代掀起了一场延续 30 多年的向西方学习的社会改革运动，由于这个运动以办洋务为特征，故后人称为洋务运动。创设近代企业，建立新式海陆军，创办新式学堂，派遣留学生，是洋务运动的主要内容。洋务运动是希望通过学习西方使中国走上富国强兵之路的一次尝试或努力，有其符合历史进步潮流的积极的一面。如它有抵御外侮的明确目的；它是中国现代化的起点，使中国迈出了由“传统社会”向“现代社会”转变的第一步。然而，洋务运动有着严重的局限性。它不是清政府主持的全国范围内的现代化运动，而只是部分有见识的地方官员主持的局部的现代化运动，因此，运动起点低，规模非常有限。更重要的是，洋务派想在不触动封建专制制度和帝国主义的前提下，主要通过引进、仿造西方的武器装备和学习西方的科学技术，来摆脱落后挨打的局面，事实证明这是行不通的。洋务派的“自强”、“求富”梦想，在中日甲午战争的炮火中破灭了。

19 世纪 90 年代，在列强掀起瓜分中国狂潮，民族危机越来越严重的时代背景下，以康有为、梁启超为代表的资产阶级维新派提出了变法维新主张，这种主张延续了洋务派向西方学习的取向，但把向西方学习推进到一个新的高度，即不但要求学习西方的科学技术，而且要求学习西方资本主义的政治制度和思想文化。维新派突破洋务派“中体西用”思想的局限，主张改革君主专制制度，代之以“君民共主”的君主立宪制度，让民族资产阶级上层的政治代表参与政权，从而把向西方学习从洋务运动的以“器物”为中心转向了以“制度”为中心。维新派的主张，得到了富有爱国心、想有所作为但又无实权的光绪皇帝的支持，一部分帝党官僚也纷纷响应。在维新派的推动和策划下，1898 年 6 月 11 日至 9 月 21 日，光绪皇帝接连发布了一系列推行新政的政令，史称“戊戌变法”，又称“百日维新”。为了减少变法阻力，百日维新的政令中，并没有维新派多次提出的开国会等主张，改良方案十分温和，并未触及封建制度的根本。即便如此，变法还是遭到了守旧势力的激烈反对和残酷镇压。百日维新仅仅存在了 103 天就夭折了，戊戌六君子血洒街头。戊戌变法作为中国民族资产阶级登上政治舞台的第一次表演，失败得如此之快，不但暴露了这个阶级的软弱性，同时也说明，企图通过统治者走自上而下改良的道路，在中国是根本行不通的。

戊戌变法的领军人物：康有为（左）、梁启超（右）。

戊戌六君子

戊戌政变时，以慈禧太后为首的封建顽固派大肆捕杀维新党人，维新志士谭嗣同、康广仁、林旭、杨深秀、杨锐、刘光第六人于1898年9月28日在北京惨遭杀害，史称“戊戌六君子”。

20世纪初，晚清政局的演变，已到了人民群众不能照旧生活下去、清政府无法照旧统治下去的境地。在这种情况下，19世纪末兴起的革命思潮得到广泛的传播，资产阶级革命团体也在各地建立起来。1905年8月，近代中国第一个全国性的资产阶级革命政党——中国同盟会——的成立，标志着资产阶级民主革命进入了一个新的阶段。以孙中山、黄兴为代表的资产阶级革命派以“三民主义”为指导思想，发动了旨在推翻清政府、建立资产阶级民主共和国的辛亥革命。1912年1月1日，以孙中山为临时大总统的中华民国临时政府在南京成立；2月12日，清帝宣布退位。这标志着辛亥革命推翻帝制、建立民国的目标实现了。然而，南京临时政府只存在了3个月便夭折了。3月10日，袁世凯成为新的临时大总统；4月1日，孙中山正式卸去临时大总统职务。袁世凯当政后，建立起代表大地主和买办资产阶级利益的北洋军阀反动政权。这表明，辛亥革命的胜利果实被袁世凯窃夺了。从1913年到1918年，资产阶级革命派先后发动了“二次革命”、护法运动等挽救共和的重大斗争，但均以失败告终。辛亥革命是20世纪中国的第一次历史性巨变。毛泽东指出，辛亥革命“有它胜利的地方，也有它失败的地方。你们看，辛亥革命把皇帝赶跑，这不是胜利了吗？说它失败，是说辛亥革命只把一个皇帝赶跑，中国仍旧在帝国主义和封建主义的压迫之下，反帝反封建的革命任务并没有完成”。辛亥革命的失败表明，中国民族资产阶级在帝国主义和封建主义的双重压迫下，没有力量领导中国实现资产阶级共和国的建国方案。

历史事实表明，无论是旧式农民起义、封建统治阶级自强运动，还是资产阶级改良派和资产阶级革命派的努力，都没有改变中国半殖民地半封建的社会性质和中国人民的悲惨命运，都没有在中国建立起资本主义制度。

为什么这些努力都不能成功呢？这要从近代中国社会的主要矛盾和历史任务来分析。近代中国社会的矛盾呈现出错综复杂的状况，其中占支配地位的两大主要矛盾，是帝国主义和中华民族的矛盾、封建主义和人民大众的矛盾，而前者又是最主要的矛盾。这两大矛盾决定了争取民族独立、人民解放和实现国家富强、人民富裕，是近代中国的两大历史任务。哪种理论能够对这两个历史课题作出正确回答，它就会成为中国人民的信仰；哪条道路能够引导中国人民完成这两大任务，它就能够成为中国人民的历史选择；哪种政治力量能够带领人民实现这两大任务，它就能够成为掌握中国历史发展前进方向的领导力量。晚清时期，农民阶级、地主阶级洋务派、资产阶级维新派、资产阶级革命派，都没有提出能够解决主要矛盾、实现两大历史任务的令人信服的理论和具体方案，其阶级或派别本身也存在难以克服的局限性，因此他们的努力都以失败而告终。先进的中国人需要进行新的探索，为中国谋求新的出路。

二、新民主主义革命时期的三种建国方案

从 1919 年五四运动到 1949 年中华人民共和国成立这段时间，在革命史上称为新民主主义革命时期。在这个时期，中国的社会性质和主要矛盾没有发生质的变化，但社会力量的对比发生了变化，工人阶级、学生群众和民族资产阶级、官僚资产阶级（也称大资产阶级）这些新的社会力量发展了起来。30 年中，各阶级和政治势力之间的斗争，主要表现为持续不断的革命和中央政权的更迭。革命成为中国 20 世纪上半期的主旋律。革命的首要问题是政权问题。因此，建设一个什么样的国家，成为这一时期的核心问题。从 1921 年中国共产党诞生，到 1949 年新中国成立，中国的政治舞台上存在三

大势力，分别提出了三种不同的建国方案。

一是大地主大资产阶级。其政治代表先是北洋军阀政府，后来是国民党统治集团。北洋军阀政府实行赤裸裸的军事独裁统治，国民党政府表面上带有一定的现代色彩，但本质上同北洋政府没有区别，实行的是国民党一党专政和军事独裁统治。无论是北洋政府还是国民党政府，都不想放弃已有的统治形式，主张中国的未来继续坚持这样的道路。

二是民族资产阶级。其政治代表是民主党派的某些领导人物和若干无党派民主人士。他们的基本政治主张是建立一个名副其实的资产阶级共和国，以便使资本主义得到自由的和充分的发展，使中国成为一个独立的资本主义社会。

三是工人阶级、农民阶级和城市小资产阶级。其政治代表是中国共产党。其方案是：中国人民应当在工人阶级及其政党的领导下，首先进行一场彻底的反帝反封建的新式资产阶级民主革命，即新民主主义革命，以便建立一个工人阶级领导的人民共和国，即人民民主专政的国家；并且经过这个人民共和国，逐步到达社会主义和共产主义。

在1921年到1949年近30年的时间里，上述三种建国方案始终摆在中国人民的面前，等待着人们去作出选择。而对三种建国方案的选择，实际上是对中国未来发展道路的选择。最终，中国人民认可了中国共产党的建国方案。究其原因，主要有：

第一，大地主大资产阶级的方案遭到了广大中国人民的唾弃。大地主大资产阶级的方案，旨在维护极少数大地主大资产阶级的利益，事实上是使中国继续走半殖民地半封建社会的道路。这无论对于中华民族来说，还是对于绝大多数中国人民来说，都是一条通往灾难深渊的道路。北洋政府和国民党政府在其统治时期的种种倒行逆施，已经证明了这一点。以国民党政府的统治为例。在政治体制上，它以国家的政治发展阶段处于训政时期①为主要依据，实行“以党治国”的体制。1928年10月通过的《训政纲领》规定，中华民国在训政期间，由中国国民党全国代表大会代表国民大会，领导国民行使政权；国民党全国代表大会闭会期间，由国民党中央执行委员会代行权力，国民党中央执行委员会政治会议则负责指导和监督国民政府的行政事务。1929年3月，国民党的第三次全国代表大会对训政的基本精神和原则做了进一步说明和规定：国民党同人民群众在行使政治权利的关系上，就等于母亲和婴儿的关系，母亲对婴儿必须保养之、教育之；国民党对于中华民国的政权、治权，要“独负全责”；国民党最高权力机关在必要时，可对人民的集会、结社、言论、出版等自由权，在法律范围内加以限制；只有服从拥护中国国民党、誓行三民主义者，才能享受中华民国国民的权利。上述文件表明，国民党的训政，实质就是国民党垄断国家的一切权力，人民无任何权利；只许国民党一党和被其篡改的三民主义一个主义存在，不许其他政党和主义存在。1931年6月公布的《中华民国训政时期约法》，更是以宪法形式将国民党“以党治国”的政治体制确定下来。在经济上，国民党政府维护封建土地所有制，不承认中国有土地问题，拒绝在农村开展土地革命，从而使中国广大农民处在了死亡线上；它还利用超经济的力量，即依靠国家政权力量，一方面掠夺工农劳动群众及其他小生产者，一方面压迫民族资产阶级、兼并民族资本，巧取豪夺，聚敛大量财富，逐步形成了以四大家族为代表的官僚资本，逐渐控制了全国的经济命脉。由此可见，国民党

① 1928年6月，南京国民政府宣布军政时期结束，训政时期开始。1948年6月，所谓的“行宪”国民大会召开，宣布训政时期结束，宪政时期开始。当然，其后的宪政有名无实。国民党训政的理论依据是孙中山的建国三阶段说，即中国民主政治的实现，必须经过军政、训政、宪政三个时期。孙中山强调最终要实现真正的“主权在民”，并明确提出军政和训政时期要重点实施县自治，以期民权有所依托，不使“主权在民”成为一句空话。国民党掌权后所施行的训政，违背了孙中山的初衷。

政府所推行的内外政策，既不代表广大劳动人民的利益，也不代表民族资产阶级的利益，而是代表地主阶级和买办性的大资产阶级的利益的。在国民党的统治下，绝大多数人民群众既得不到面包，也没有权利和自由。他们对国民党的统治强烈不满，不希望这样的统治形式继续下去。正因为如此，人民坚决反对国民党提出的建国方案，并勇敢地起来反抗，最终推翻了国民党政府的统治。

第二，资产阶级共和国的方案在近代中国行不通。这是由当时中国所处国内外环境决定的。首先，帝国主义不允许中国走资本主义道路。中国是受帝国主义压迫的国家。通过一系列不平等条约，西方列强获取了众多特权，成为影响中国发展的一个极其重要的因素。列强来到中国，绝不是要把封建的中国造就成独立、富强的资本主义国家，而是为了掠夺中国，发展它们自己的资本主义。对于西方列强来说，一个政治上、经济上不独立的中国才符合它们的利益，因为只有这样的中国才能充当它们理想的商品倾销市场、资本投资场所和廉价原料、廉价劳动力的供应地。它们不希望看到中国在国际市场上成为它们的竞争对手，也不愿意中国与它们在国际上平起平坐、在平等的基础上建立和发展关系。因此，帝国主义竭力遏制中国民族资本主义经济的发展，阻止中国成为一个真正的独立的资本主义国家。其次，中国社会的经济政治状况不允许走资本主义道路。中国的民族资本主义，从 19 世纪下半期开始萌芽，但由于帝国主义和封建主义的压迫，始终没有发展成为独立的力量。民族资产阶级在经济上与帝国主义和封建主义有着千丝万缕的联系，在政治上没有彻底反帝反封建的勇气和力量。民族资产阶级的软弱性、动摇性，决定了他们没有能力领导人民进行彻底的反帝反封建的斗争，没有能力为建立资产阶级共和国扫清障碍。民族资产阶级及其政治代表，由于提不出彻底的土地革命纲领，无法动员最广大的农民；再加上不敢进行武装斗争，根本不掌握军队，因此他们在政治上没有很大的分量。在这种情况下，他们往往把实现民主政治的希望，寄托在统治阶级让步这种幻想之上。而中国的统治阶级由于自身社会基础的极其狭窄，其统治是十分残暴、同时又是十分虚弱的，它既不能容忍、更经受不住任何的民主改革。它绝不会对于中间势力关于建立民主共和国的要求作出原则性的让步。某些民主党派人士虽然一再声称自己要“以民主的方法争取民主，以合法的手段争取合法地位”，反动统治者还是不断地用暴力对他们进行迫害，直至取缔他们的组织，监视、逮捕乃至杀害他们个人。严酷的现实教育了他们，最终，他们自己也意识到，走中间路线，在中国建立一个真正的资产阶级民主共和国，是无法实现的。

第三，中国共产党的建国方案本身的科学性，赢得了最广大人民群众的认可。近代中国半殖民地半封建社会的国情，决定了不能马上在中国搞社会主义革命，而只能搞资产阶级民主革命。而一般意义上的资产阶级民主革命，通常是由民族资产阶级领导的，以建立一个资产阶级民主共和国为目标的。而如前所述，建立一个资产阶级共和国在近代中国是行不通的。中国共产党的价值理念和目标追求，又是和社会主义紧密联系在一起的。那么，中国共产党如何能够领导资产阶级民主革命，并最终把中国带入社会主义呢？中国共产党创造性地提出了新民主主义理论，解决了这一难题。中国共产党提出，党领导的革命运动，分民主主义革命和社会主义革命两个阶段，前者是后者的必要准备，后者是前者的必然趋势。两个革命阶段既互相区别，又互相衔接，中间不容横插一个资产阶级专政的阶段。1949 年之前的中国革命，就其社会性质而言，依然是资产阶级民主主义的，但已不是旧式的一般的资产阶级民主主义的革命，而是新式的特殊的资产阶级民主主义的革命。新在哪儿？特殊在哪儿？主要表现在四个方面：一是有了新的领导阶级，即无产阶级通过它的政党——中国共产党来领导；二是有了彻底的反对帝国主义、封建主义、官僚资本主义的民主革命纲领；三是有了新的革命方法，即发动群众，统一战线；四是有了新的前途，即经由新民主主义过渡到社会主义。中国共产党的这种建国方案，是深刻洞察中国国情、灵活运用马克思主义理论的结果，符合最广大人民的利益，因而最终成为中国最广大人民群众的最终选择。

第四，时代条件和国际环境的新特点促使中国人民选择中国共产党的方案。20世纪前半期，资本主义与社会主义两大意识形态和社会制度的态势，大致是前者遭受严重挫折，后者蓬勃发展。第一次世界大战的爆发，20世纪30年代席卷全球的经济危机，引发了资本主义世界的经济、政治、信仰恐慌，使得资本主义的吸引力不断下降。而当时社会主义国家苏联蒸蒸日上，经济建设取得辉煌成就。在经济危机打击下，资本主义国家加紧对华经济掠夺，日本更是悍然发动侵华战争。民族危机促使人们寻找新的出路。社会主义苏联为中国提供了一种崭新的制度选择和新的社会样板。中国知识分子大多把苏联的成功归因于苏联的社会主义制度和马克思主义，因此，走俄国人的路，成为许多先进分子的共识。五四运动后，社会主义思潮在中国的影响力迅速扩大，选择社会主义道路成为人心所向、大势所趋。中国共产党的建国方案规划了由新民主主义最终走向社会主义的发展前途，成为人民群众接受其方案的重要原因。

三、中国走上社会主义道路的必然性

1949年中华人民共和国的成立，标志着中国共产党领导的新民主主义革命取得了胜利。对于如何从新民主主义社会过渡到社会主义社会，新中国成立前夕到1952年，中国共产党主张先搞10年到20年的新民主主义建设，等到生产力发展起来，再采取社会主义步骤，向社会主义过渡。但到1952年下半年，毛泽东的想法发生了转变，提出向社会主义过渡不是再等10年或20年以后才开始，而是现在就开始。1953年过渡时期总路线的出台，表明中共中央改变了原来的构想，开始了向社会主义过渡的进程。1956年，随着社会主义改造的基本完成，中国继建立社会主义基本政治制度之后，社会主义的基本经济制度也建立起来。这是中国进入社会主义社会的最主要的标志。至此，社会主义基本制度在中国得到全面确立。

对于中国共产党改变原来的设想，提前过渡到社会主义社会，有一种观点认为，这是毛泽东主观意志的产物，因为是毛泽东首先提出并力主实行这种转变，随即带动其他领导人思想的转变，最终形成党中央的决定。也有人据此认为中国的社会主义搞早了，是“早产儿”。事实上，中国在 20 世纪 50 年代选择社会主义，绝不是偶然的，也不是主观意志的产物，而是反映了当时社会发展的客观需要，有着历史的必然性。

第一，到 1952 年，国内的政治经济形势发生了重大变化，为中国向社会主义过渡提供了现实的可能性。

首先，经过新中国成立后头三年的努力，到 1952 年，民主革命遗留的任务彻底完成，各级人民政权建立起来并日益巩固。这为向社会主义过渡奠定了重要的政治基础。

其次，在经济上，随着国民经济的恢复和初步发展，中国社会的经济成分发生了重要变化。这集中表现在公私比例的变化上。以工业为例，1949 年到 1952 年，国营经济从 33.9%上升到 50%，私营经济从 62.7%下降到 42%。这种变化，表明经济领域中社会主义因素日益增长，国营经济在国民经济中已居于主导地位，从而为整个国民经济进行社会主义改造提供了重要依靠力量。

再次，新中国成立头三年已经开始的初步的社会主义改造，为大规模的社会主义改造积累了经验。

新中国成立初期，中国共产党与资产阶级围绕争夺市场领导权展开较量并取得胜利后，私营工商业的经营普遍遇到困难，有的甚至歇业、倒闭。为帮助私营工商业克服困难，我们党根据七届三中全会的精神，按照公私兼顾、劳资两利的原则，调整工商业。主要是调整公私关系和劳资关系，给私营工商业让出一部分市场和利润，以利其生存和发展。当时所采取的主要措施是，对私营工业实行加工、订货、统购、包销，对私营商业实行经销、代销。这些国家资本主义的初级形式，本来是帮助私营企业克服困难的措施，但却成了改造私营工商业的最初步骤。调整工商业后，私营工商业歇业、停业户减少，复工、复业户陆续增加，迎来了它们发展的黄金时代。“三反”、“五反”后，党又一次调整工商业，力求让资本家有利可图，尽可能发挥私营工商业有益于国计民生的作用。但是，资本家的违法行为必须处理。在处理资本家违法行为的过程中，通过退赃、罚款、没收，许多私营企业已丧失独立经营的能力，要求与国家合营。于是，公私合营企业有了较快的发展。可见，对私营工商业的社会主义改造，不是党主观意志的产物，而是情势使然。

在农村，解放后，在新区搞土改时，老解放区的互助合作运动就已开始。从 1949 年冬到 1952 年底，主要是发展互助组，试办合作社。全国共建立互助组 830 多万个，初级社 3 600 多个，参加互助合作的农户占全国农户的 40%。这些互助合作的形式，在帮助贫苦农民克服困难、增加生产、共同富裕方面起到了很好的示范作用。手工业的生产这时也在向互助合作方向发展。有的组织起了手工业供销社，有的还在合作社的基础上发展成生产合作联社。

这些在实践中自然出现的对私营工商业、农业、手工业的社会主义改造，为大规模社会主义改造积累了初步的经验。

上述历史事实表明，客观形势已突破了党原来的设想。实践中社会主义因素的日益增长和社会主义改造方法的逐渐明确，表明全面进行社会主义改造、向社会主义过渡已经具备条件。正是在这种情况下，党中央和毛泽东才开始酝酿过渡时期总路线。

第二，实现国家工业化的必然要求。

实现国家的工业化，是中国人民近百年来梦寐以求的强烈愿望，是国家独立和富强的当然要求与必要条件。到 1952 年，民主革命遗留任务完成和国民经济恢复后，实现国家的工业化，作为今后一个时期的主要任务，紧迫地摆在人们面前。然而，当时存在的私营资本主义经济和个体小农经济，却无法满足工业化的要求。

新中国成立初期，普遍存在的个体小农经济阻碍了农村工业化的实现。

土地改革完成后，农业生产摆脱了封建生产关系的束缚，一个时期有过相当大的发展。但是，由于实行在土地私有基础上的个体经营，这种发展又受到很大的限制。经营规模的狭小、生产工具严重不足、资金短缺、生产技术落后等因素，使得许多农户不仅无力进行扩大再生产，而且连简单再生产也难以维持。1953 年至 1954 年间，农业发展速度明显减慢。这不仅使广大农民无法改善自己的生活，而且使农业生产力的发展受到很大限制，无法满足国家工业化对粮食和工业原料日益增长的需要，从而成为工业发展的严重制约因素。当时，国家无力进行大规模的资金投入，于是，如何找到一个花钱少、又能在短时间见效的农业增产的方法，成为重大课题。经过几年的摸索，引导农民走农业合作化的道路，充分调动农民的积极性，成为党做出的最终选择。事实也证明，实行农业合作化后，农业生产率得到了提高。这就是说，通过实行农业合作化来增产粮食和其他农产品以满足工业发展的需要，是中国选择社会主义的基本因素之一。

中国的民族资本，主要是商业资本和金融资本，工业资本只占1/5。民族资本主义工业，主要是轻纺工业和食品工业，缺少重工业的基础。这些工业企业，大多规模小，技术设备落后，劳动生产率很低。据新中国成立初期的统计，69.7%的工厂只有不到10个工人，79.1%的工厂是工场手工业。这些工业企业设备利用率和劳动生产率低，成本高，资金不足，扩大再生产的能力十分有限。这样的生产能力，无法满足国家工业化的需要。为了改变这种情况，就必须在这些企业里改善经营管理，提高产品质量，并且按照国家的需要增加生产，培养技术人才，积累资金。而要如此，就必须对这些企业逐步实行社会主义改造。

于是，在制定"一五"计划过程中，对私人资本和个体经济加以限制，使社会主义改造与社会主义工业化步骤相适应的方针确定下来。按照毛泽东的话，就是把"社会制度方面的由私有制到公有制的革命"，与"技术方面的由手工业生产到大规模现代化机器生产的革命"结合在一起，"提高生产力，完成国家工业化"。

第三，防止农村两极分化和对民族资产阶级认识的改变。

新中国成立后，新解放区普遍进行了土地改革。但土改后不长时间，农村就出现了两极分化的现象，在有些地区还很严重。许多刚分得土地的农民，不得不卖掉土地，重新沦为雇农。这种情况发展下去，要不了多少年，农村就会回到土改前的样子。怎么办？是任其发展，还是向贫困农民伸出援助之手？共产党必须作出抉择。农民是党的最基本的依靠力量，民主革命时期，他们是革命的主力军；解放后，工农联盟是人民民主专政的基础。对广大农民特别是贫下中农，不能坐视不管，所以党决定通过合作化运动，把他们引上共同富裕的道路。

新中国成立初期，为了尽快恢复国民经济，发展生产力，国家允许有利于国计民生的私营工商业合法存在和适当发展。但是，资本家中的不法分子为了获取高额利润，采取了一些非法手段，比如向国家干部行贿和偷税漏税、偷工减料、盗骗国家财产、盗窃国家经济情报等（当时简称为“五毒”）。为了打击不法资本家的“五毒”行为，国家在私营工商业者中开展了反对行贿、反对偷税漏税、反对偷工减料、反对盗骗国家财产、反对盗窃国家经济情报的“五反”运动。同时，在党政机关开展反对贪污、反对浪费、反对官僚主义的“三反”运动。在声势浩大的“三反”、“五反”运动中，资本家更多更恶劣的不法行为被揭发出来，广大干部和群众受到强烈震动，对此深恶痛绝。资产阶级唯利是图的本性与共产党人的价值观之间，资本主义工商业经济的无政府状态与国家工业化需要的高度集中的计划经济体制之间，产生了尖锐的矛盾和冲突，这就导致国营经济同资本主义经济之间限制与反限制的斗争更加突出。随着“三反”、“五反”运动的深入，中央进一步加深了对资本主义经济消极作用的认识。到 1952 年 6 月，毛泽东即指出：“在打倒地主阶级和官僚资产阶级以后，中国内部的主要矛盾即是工人阶级与民族资产阶级的矛盾，故不应再将民族资产阶级称为中间阶级。”这表明，随着民主革命遗留任务的完成，国内的阶级关系和主要矛盾发生了深刻变化。民族资产阶级不再被视为中间阶级，而是成了斗争的对象。这说明，明确提出向社会主义过渡的任务已经成为必要的了。3 个月后，毛泽东即在中央书记处会议上提出了要马上开始向社会主义过渡。

“三反”、“五反”运动

中华人民共和国建立初期，中国共产党领导的在各级政府机关、学校、团体、军队、党派中进行的反对贪污、反对浪费、反对官僚主义的运动（“三反”运动），以及在私营工商业者中进行的反对行贿、反对偷税漏税、反对偷工减料、反对盗骗国家财产、反对盗窃国家经济情报的运动（“五反”运动）。

第四，国际环境的影响。

新中国成立后，长期受到以美国为首的资本主义国家经济上、外交上和军事上的严密封锁和遏制。中国不但不可能从资本主义大国得到什么援助，而且连进行普通的贸易和交往都很困难。当时只有社会主义国家和第二次世界大战后为独立而斗争的国家同情中国。当时的国际格局是社会主义阵营与资本主义阵营尖锐对峙的冷战格局。在这种情况下，新中国成立后宣布实行向社会主义阵营“一边倒”的方针，在当时这是必然的选择。对此，毛泽东看得很清楚，他说：“中国人不是倒向帝国主义一边，就是倒向社会主义一边，绝无例外。骑墙是不行的，第三条道路是没有的。”

20 世纪 50 年代初，在冷战格局的大背景下，百废待兴的新中国迫切需要苏联的友谊和援助，加之中国共产党与苏联共产党具有颇深的历史渊源，因此，当时中国一些重大政策的制定，都会与苏联沟通协商；苏联方面的意见，对中国国内一些重大决策的形成，有着重要影响。对新中国建立后不立即进行社会主义革命，而要在新民主主义制度下实现国家工业化，然后再过渡到社会主义去的构想和做法，苏联方面一直很不理解，认为这是陈独秀“二次革命论”在新条件下的翻版，甚至怀疑毛泽东是铁托式的人物。为争取苏联的理解和支持，中国曾通过多种途径向苏联方面解释自己的国策，但始终未能如愿。1953 年，中国开始实施发展国民经济的第一个五年计划，特别希望苏联提供更多的物资援助和建设经验，但苏联方面则流露出愿意援助社会主义的中国而非新民主主义中国的意向。苏联的这种态度，是毛泽东向社会主义过渡构想转变的重要外部因素。

同时，在两大制度对比方面，20 世纪 50 年代初期，资本主义国家仍然很不景气，社会主义却生气勃勃，从一个国家发展到一个阵营，显示出巨大的优越性。苏联只用了 10 多年实践，就实现了由落后农业国向先进工业国的转变，这对中国共产党和中国人民具有巨大的示范和鼓舞作用。这是推动毛泽东和中国共产党提出过渡时期总路线、提前过渡到社会主义社会的重要因素。

总之，20 世纪 50 年代向社会主义过渡的战略的转变，绝非毛泽东一时兴之所至，而是经过深思熟虑的，更重要的是它符合当时的客观实际，是新中国成立后客观形势发展的必然结果。

有一种观点认为，中国没有经过资本主义阶段，应该“补上资本主义这一课”，或者只实行新民主主义，而不应当过渡到社会主义。这种说法是不对的。尽管历史上中国没有经历过成熟的资本主义社会，但仍以特殊的方式经过了资本主义。在中国的半殖民地半封建社会中，已经有了外国帝国主义的资本、官僚资本和民族资本，尽管这不能看成是资本主义社会。但因为有了资本主义，也就有了无产阶级、资产阶级和小资产阶级，否则就不可能有无产阶级领导的新民主主义革命。所谓“补课”的说法，不仅不符合近代以来中国社会发展的历史规律，而且在逻辑上也是站不住脚的。中国革命的历史条件和发展趋势，包括共产党的领导和没收官僚资本，使得中国的“新民主主义阶段”包含了很多的社会主义因素，因而不可能停留在这个阶段，必然要经过社会主义革命从新民主主义进入社会主义。

另有一种观点认为，20 世纪 50 年代中国在进行社会主义改造、向社会主义过渡的过程中，出现了严重失误，这表明当时选择走上社会主义道路是错误的。毋庸讳言，社会主义改造在取得伟大成就的同时，确实发生了一些失误。但是，产生失误的主要原因，并非在于选择走上社会主义道路，而是在于选择社会主义目标模式时，教条式地理解了马克思恩格斯关于社会主义社会的设想，基本照搬了苏联的社会主义模式，从而导致在社会主义改造中追求纯而又纯的社会主义，形成了不太符合中国国情的社会主义模式。党的十一届三中全会后，我们党认清了我国社会主义初级阶段的国情，形成了中国特色社会主义理论体系，构建了社会主义新模式，实现了马克思主义与中国实际相结合的第二次历史性飞跃。因为在向社会主义过渡的过程中出现了失误，就否认中国走社会主义道路的正确性，不是历史唯物主义的态度。

回顾近现代中国的发展进程，从晚清时期，到新民主革命时期，再到20世纪50年代，历史就这样一步步走过来，中国最终走上了社会主义道路。这是一个影响中华民族前途和命运的巨大结果。任何一个巨大的历史结果的出现，都有着与这个结果一样巨大的原因。把这个巨大结果的产生归结为“历史性的误会”或者某个政党、某些人的“主观意志”，是说不通的。中国走上了社会主义道路，是中国社会的政治经济状况、阶级力量对比、时代条件和国际环境等多种因素综合作用的结果，归根结底是中国人民包括工人、农民、民族资产阶级、小资产阶级和其他社会阶层人士共同作出的选择，是历史发展的必然结果。中国走上社会主义道路，实现了中国历史上最深刻最伟大的社会变革，为当代中国一切发展进步奠定了根本政治前提和制度基础。

第四章

中国不能走资本主义邪路

中国如果走资本主义道路，将是一场灾难和大倒退。而一个具有13亿人口的大国一旦出现大乱，不仅对中华民族是一个灾难，对整个世界可能也是一个灾难。

科学社会主义自产生以来已经历了160多年，马克思主义传入中国已近一个世纪，中国共产党带领人民为建设社会主义而奋斗了90多年，中国自新中国成立以来开展社会主义建设已近60年，中国实行改革开放也已30多年。马克思主义的传入彻底改变了中国的面貌，中国共产党带领中国人民进行革命和建设取得的成绩令世人瞩目，中国改革开放30多年创造的辉煌令世人赞叹。那么，为什么总有人不顾历史事实，总质疑中国走社会主义道路呢？弄清楚这个问题，对于坚定人们走社会主义道路的信念，对于推进中国特色社会主义事业，具有极端重要性。

一、资本主义是用血和火的文字载入人类编年史的

当今世界近200个国家和地区，如果按社会制度进行划分，主要分属于资本主义和社会主义两种不同制度。资本主义作为一种制度，其形成和发展已经走过了近500年的历史。资本主义曾创造过灿烂的人类文明。社会主义作为一种新生的社会制度刚刚走过了不到100年的历程，由于社会主义建立在经济文化相对落后的国家，其自身还存在着许多不完善的地方，因此其优越性并没有充分显示出来。

在当今世界上，总有一些人在为资本主义进行辩护，根本原因在于许多人并不了解资本主义发展的历史。在资本主义原始积累时期，英国曾制造了历史上著名的“羊吃人”的凄惨景象。资本原始积累是一个使用暴力剥夺劳动者、消灭以个人劳动为基础的私有制的过程，它不是田园诗式的过程，而是用血和火的文字载入人类编年史的。

最初作为资本的货币财富的积累，主要是通过劫掠取得的。新兴的资产阶级远渡重洋，进行血腥的殖民掠夺。美洲金银产地的发现，导致土著民族被剿灭、被奴役和被埋葬于矿井中；印第安人的

累累白骨，变成了殖民主义者的满船金银。英国东印度公司对茶叶、盐、鸦片、槟榔和其他商品贸易的垄断权，成为财富的取之不尽的源泉。海盗劫掠活动以及奴隶贸易也是进行原始积累的方法。葡萄牙、西班牙、荷兰、法国、英国等西欧国家先后开始的海外殖民活动，不仅掠夺了大量的黄金、白银等巨额财富，而且实施了惨无人道的种族灭绝政策。殖民者的海外屠杀使美洲墨西哥的印第安人口减少了90%（从2 500万人降到150万人），在秘鲁减少了95%。①

第二次世界大战给人类带来了深重的灾难。图为二战期间满目疮痍的伦敦。

在资本主义由自由竞争向垄断过渡时期，由于资本主义发展不平衡，为了争夺势力范围，曾发生过两次世界大战。第一次世界大战是空前的全球性大战，卷入这场战争的有六大洲的28个国家，差不多动员了6 500万人。尽管死亡人数永远无法确知，但据研究估计，直接因这次大战而战死或伤病致死的战斗人员人数在1 000万～

① 参见［法］米歇尔·博德：《资本主义史（1500—1980）》，7页，北京，东方出版社，1986。

1 300 万之间，不同程度地严重负伤的约有 2 100 万人。第二次世界大战使各国人民蒙受的灾难更加空前。战争期间，共有 5 500 万～6 000 万人死亡，1.3 亿人受伤，合计死伤 1.9 亿人。仅苏联在二战期间就有 2 680 万人死亡，中国死亡人数约 1 800 万。由此可见，资本主义发展的历史是一部血淋淋的历史。

二、当今资本主义国家中绝大多数是贫穷落后的国家

当今世界共有近 200 个国家和地区，其中 90％以上的国家选择的是资本主义道路，但真正发达的仅有十多个，而且即使为数不多的发达国家现在也正在遭受全球金融危机的困扰。1971 年联合国大会第 2768 号决议确定了世界最不发达国家标准：人均国民生产总值在 100 美元以下；在国民生产总值中制造业所占比重低于 10％；人口识字率在 20％以下。根据这个标准，当时联合国把 24 个成员国列为最不发达国家。1981 年联合国发展计划委员会把第一条标准改为人均国民生产总值在 250 美元以下，当时全世界有 39 个最不发达国家。1991 年 3 月联合国发展计划委员会制定了新的标准，根据新标准，全球最不发达国家有 48 个，其中亚洲 9 个，非洲 33 个，大洋洲 5 个，美洲 1 个。在这些国家中，只有一个社会主义国家老挝是最不发达国家，其他全是资本主义国家。

——资本主义正在产生新的饥饿和贫困。以目前的世界社会生产力，养活全球人口绰绰有余。但是，全球粮食和食品产量在增加，饥饿状况却在加剧。2000 年全球饥饿人口 8.4 亿，年平均饿死 3 000 万人。联合国世界粮食计划署统计，2007 年世界饥饿人口已经达到了 9.25 亿，2008 年增加到 9.6 亿。[①] 2009 年，据联合国粮食及农业

① 参见王晓雄、王莉：《全球粮食危机明年可能重来》，载《环球时报》，2008-10-17。

组织（Food and Agriculture Organization of the United Nations，FAO）发表报告称，全世界饥饿人口创下历史新高，已突破10亿，也就是将近世界人口的1/6。这个数据意味着，世界上每六个人当中，就有一个人每天要挨饿！大部分面对饥饿和营养不良的人口，居住在亚太地区，人数高达6.42亿。撒哈拉以南非洲排名第二，饥饿人口达2.65亿。拉丁美洲和加勒比海地区有5 300万饥饿人口，而中东和北非地区也有4 200万饥饿人口。饥饿并不是因为粮食不足。目前，世界的粮食生产足够让60亿人口甚至更多的人口食用。那么，为什么还会有人每天要挨饿，而且饥饿人数还会创下历史新高？这就是全球资本主义制度所带来的荒谬现象。在过去30多年内，在所谓的“全球化”浪潮下，贫穷国家愈来愈跟全球经济融为一体，结果惨遭新自由主义经济的宰割。当新自由主义经济于2008年引发全球金融危机而让全球陷入1929年以来最严重的经济危机时，贫穷国家的人民遭遇到更大的打击。在过去几年内，资本主义的威胁已经愈来愈严重，从粮食危机、能源危机、气候危机到经济危机，都威胁着世界上广大劳动人民的生活和生存空间。世界粮食计划署总干事詹姆斯·莫里斯在一个讲话中说：“很少有人意识到全世界每年死于饥饿和饥饿引起的疾病的人数超过死于艾滋病、疟疾和肺炎的总和。更糟糕的是近几十年的进步之后，长期处于饥饿状态之中的人口总数又在攀升了。我们又在后退了。”① 如果没有在制度上的根本改变，贫穷、

新自由主义（neoliberalism）

英国现代资产阶级政治思想的主要派别。主张在新的历史时期维护资产阶级个人自由，调解社会矛盾，维护资本主义制度。是经济自由主义的一种复苏形式，自20世纪70年代以来在国际经济政策中扮演着越来越重要的角色。新自由主义指的是一种政治—经济哲学，反对国家对于国内经济的干预。

---

① 转引自唐袅：《新自由主义全球化别名考》，183页，北京，中央民族大学出版社，2007。

饥饿、战争、动乱将不断持续。

——资本主义正在逐步扩大全球范围内的两极分化。据统计，全球最富裕国家人均实际收入与最贫穷国家相比，已从1800年的3∶1、1900年的10∶1，上升到2000年的60∶1。全球财富分配差距悬殊，其中高收入国家10亿人口拥有的财富占全球财富的60%，中等收入国家15亿人口拥有的财富占全球财富的20%，低收入国家35亿人口拥有的财富仅占全球财富的20%。[①] 世界银行《2003年世界发展报告》指出，世界上最富裕的20个国家的人均收入是最贫困的20个国家的37倍。据世界银行统计，世界上最不发达的10个国家的人口占世界总人口的1/10。其中，年人均国民生产总值最低的仅80美元，是世界最贫穷的地区；文盲比例最高的占全国人口的82%；婴儿死亡率最高的达16.2%，居世界之最；人均寿命最短的39岁，仅及日本人均寿命78岁的一半。世界最穷国是莫桑比克，年人均国民生产总值为80美元，平均每人每天0.2美元，约为瑞士的1/500。瑞士人均国民生产总值为36 410美元，人均每天近100美元。根据世界银行《2008年世界发展报告》公布的数据，2006年国民生产总值总量最高的美国为13.45万亿美元，人均44 970美元，而非洲的布隆迪为8亿美元，人均只有100美元。2006年美国国内生产总值为13.20万亿美元，而布隆迪为8.07亿美元。

——资本主义正在不发达国家不断制造经济政治动荡。经济文化落后国家被纳入资本主义体系之后，通常会遇到三大挑战：一是因为经济增长过程中没有处理好财富增多与收入分配、经济增长与社会公平的关系，收入分配差距迅速拉大，贫富两极分化严重，失业增加，贫困现象不断被再生产出来，从而导致严重的社会危机；二是盲目照搬西方议会民主，过早和过度地实现民主化，导致为竞

① 参见李其庆、刘元琪：《全球化与新自由主义》，25页，桂林，广西师范大学出版社，2003。

选获胜而盲目作出较高的社会福利承诺，而执政后，由于财力不足，国内外债台高筑，从而引发严重的政治危机；三是实行私有化，盲目照搬自由市场经济模式，通货膨胀加剧，宏观经济起伏不定，从而引发经济危机。由于没有应对好这三大挑战，造成社会动荡、政治动荡、经济动荡，使经济发展停滞不前，甚至倒退。在拉丁美洲，如巴西，20 世纪 70 年代中期人均国民总收入达 1 000 美元，1980 年突破 2 000 美元，但随后又倒退回 1 000 多美元，连续 8 年处于下滑和恢复局面；到 90 年代中后期，人均国民总收入增加，一度达到 5 000 美元，但随后又下滑到 2 000 多美元，至今仍未恢复到 5 000 美元的水平。智利人均国民总收入在 1981 年达到 2 600 多美元之后，也倒退回 1 000 多美元，连续 10 年处于下滑和恢复局面。这种情况不仅在拉美国家存在，在其他一些发展中国家也存在。在亚洲，如泰国，20 世纪 80 年代后期人均国民总收入突破 1 000 美元，到 1996 年曾达到 3 000 美元，但在亚洲金融危机冲击下，人均国民总收入严重下滑，倒退回 10 年前的水平，目前虽有所恢复，但仍处于 3 000 美元左右。在非洲，如马达加斯加，其自然资源原本丰富，但在从计划经济向市场经济转轨中盲目追求资本主义，国家又没有经济的整体发展规划，加之个人资本缺乏约束，无顾忌地追求利润最大化，导致森林、土地、海洋等自然资源遭到巨大破坏，贫富差距越来越大。

三、当今发达资本主义国家仍没有克服其固有的矛盾

在为资本主义进行辩护或唱赞歌的人中，有许多人对资本主义的现实并不了解。人们一谈到资本主义，首先想到的是当今世界少有的一些发达资本主义国家，而且往往赞赏的是发达国家“发达”的一面。殊不知，当今世界发达资本主义国家都有一段并不光彩的历史，其发展并非一帆风顺，常常受到周期性经济危机的困扰。

——发达国家内部的贫富两极分化极为严重。据一项调查报告显示，世界上最富裕的国家在1985—2005年的20年间，贫富差距扩大化的趋势十分明显。美国的贫富差距在2000年后迅速扩大，排在墨西哥和土耳其之后，成为贫富最不均等的国家之一。美国最富有的10%的人平均收入比最贫穷的10%的人高出将近20倍。在整个经济合作与发展组织成员国中，美国、英国和意大利的社会流动性最低而且高度不平等。[①] 2008年的《美国人类发展报告》显示，15%的美国儿童（1 070万人）生活在月收入不足1 500美元的家庭；14%的美国人（约4 000万人）读写能力不足，连看懂报纸文章和物品使用手册这类基本的事情都做不到；最富有的1/5美国人年均收入168 170美元，几乎是收入最低的1/5人口的15倍，后者的年均收入仅有11 352美元。[②] 据2005年5月3日的《纽约时报》报道，世界最大的零售商沃尔玛公司的执行总裁两周的薪资相当于同家公司一般工人一辈子赚得的钱。[③] 美国《国际先驱论坛报》称，美国企业CEO的收入水平目前是普通工人的400倍，而1965年这一差距仅为20倍。[④] 根据一份于2009年5月9日发布的研究报告(Child Food Insecurity in the United States：2005—2007)，美国有1 200万名儿童无法获取足够的营养以维持健康生活，350万名5岁以下的美国儿童面对饥饿的问题。

——发达资本主义国家的基本矛盾并没有缓和，反而有了新的表现。冷战结束后，发达资本主义尽管在制度许可范围内进行了某些调整，其内部矛盾有所缓和，但其基本矛盾并没有消失，生产的社会化与生产资料的资本主义私人占有之间的矛盾依然是当代资本

① 参见曹磊：《工业化国家贫富差距加大》，载《环球时报》，2008-10-22。

② 参见《美国人类发展指数排名落后》，载《参考消息》，2008-07-18。

③ Paul Krugman，"Always Low Wages，Always"，*New York Time*，May 13，2005.

④ 参见管克江：《美国高管大把拿钱惹不满》，载《环球时报》，2008-07-18。

主义社会的基本矛盾。但与以往不同的是，经济全球化使资本主义的基本矛盾具有了全球性，个别企业的有组织性与整个社会生产的无政府状态之间的矛盾，随着跨国公司的迅速发展和国际竞争的日益加剧而变得更加尖锐；无产阶级与资产阶级的矛盾不但没有消失，反而表现得更为复杂。发达国家的跨国公司把生产基地纷纷转向国外，造成国内就业形势严峻，劳资关系失衡，贫富差距进一步拉大。随着贫富两极分化的加剧，阶级矛盾走向国际化。

——资本主义生产的无限扩张激发了经济增长与人类生存之间的矛盾。二战以后，特别是20世纪50年代发生新科技革命以后，社会生产力飞速发展，人类改造自然的能力突飞猛进，历来被认为庞大的地球在资本家贪婪与无休止的欲望面前显得渺小。有限的资源与资本家无限扩张的欲望产生严重冲突。这一冲突的结果之一，就是在全球范围内出现日益严重的生态问题。资本主义生产与自然资源的冲突更为严重。不但各种矿产资源已经表现出无法适应生产持续高速发展的需要，就连一度被认为取之不尽、用之不竭的水和空气，其供给也日渐紧张。尤其是在经济全球化的今天，发达资本主义国家不断进行生态掠夺，把生态危机转嫁给发展中国家。它们将一些高能耗、高污染、劳动密集型的企业迁移到发展中国家，甚至把垃圾场建在这些国家，直接掠夺那里的土地、劳动力、自然资源，包括洁净的空气、干净的水源。西方以占世界20%的人口消费着世界80%的资源，却把生态环境破坏的负面影响留给发展中国家。美国以占世界不到5%的人口消耗着世界能源产量的34%，并制造出大致相当的污染物。几个主要发达国家排出的二氧化碳和氟氯化碳分别占世界排放量的75%和90%。

——发达资本主义国家不管如何创新，也无法消除经济危机的根源。2007年8月开始的美国次贷危机，在2008年演变为金融海啸。此次金融危机虽然起源于美国，但却迅速波及整个世界，欧美发达国家都受到不同程度的损失，北欧岛国——冰岛甚至到了国家破产的境地，发展中国家的金融业也同样面临着诸多危机；此次金融危机虽然起始于虚拟经济，却迅速波及实体经济，发展中国家的出口业尤其是中国的出口业受到了巨大影响。目前，欧洲国家的财政赤字与公共债务已攀升到二战以来的最高水平，远远超过欧盟《稳定与增长公约》所规定的标准——欧元区各国政府的财政赤字不得超过当年 GDP 的 3%，公共债务不得超过 GDP 的 60%。据经济合作与发展组织统计，2010 年其成员国财政赤字占 GDP 的比重达到 7.6%，2011 年政府债务达到 GDP 的 101.6%。目前，法国的预算赤字高达 70%。欧元区 16 个成员国中，无一个国家的政府赤字控制在 GDP 的 3%以内，其平均赤字在 GDP 的 7%以上。据法国有关方面预测，直至 2017 年法国财政才能基本达到平衡。正是资本主义国家对美国新自由主义政策的过度追捧而使金融危机波及整个世界。正如美国后现代思想家小约翰·柯布教授所说的："华尔街的危机生动地说明了资本主义的危机……是现代资本主义制度出了问题"。

发达资本主义国家在过去数十年来，一直无法消除经济危机的根源。图为 20 世纪 30 年代美国大萧条时期，加入示威队伍的儿童。

四、中国近代历史证明资本主义在中国走不通

历史不能假设。但是，在当今中国，总有人喜欢假设。有一种观点认为，如果中国沦为殖民地，至少现在应该像香港地区；还有一种观点认为，如果中国走资本主义道路，今天会是一个发达国家，

至少是比现在更发达的国家。我们认为，持此类观点的人，要么是别有用心，要么是不了解中国历史。中国走社会主义道路，完全是一种历史的选择、人民的选择。

1840 年鸦片战争以来，中国逐步沦为半殖民地半封建国家。在近代中国，实现中华民族伟大复兴，要面对两大历史性课题：一是民族独立和人民解放；二是国家富强和人民富裕。解决这两大历史性课题有三种选择：一是继续维护封建统治；二是向资本主义学习，走资本主义道路；三是经过新民主主义达到社会主义。

先说第一种选择——继续维护封建统治。中国封建社会历史之漫长、文明之辉煌、成果之丰硕、影响之深远，确实是其他国家无法比拟的。但是，进入 18 世纪以后，随着工业革命的发展和扩散，新兴工业文明逐步占据人类文明的主导地位，农业文明在人类文明中退居次要地位，以工业文明为主的欧美文明走到了人类文明的前列，以农业文明为主的东方文明逐步走向衰落，中国也不例外。中国因失去工业革命的机会等原因而走向衰落，为此也付出了沉重的历史代价。近代中国的衰落，原因极为复杂，但主要有两方面因素的影响。从内因来说，封建主义的生产方式已经腐朽、僵化了，中国封建社会已到了它的尽头；从外因来说，近代中国的衰败，与西方殖民主义者对中国的侵略和掠夺有关。从 1840 年鸦片战争到 1949 年新中国成立前的 110 年间，西方殖民主义者先后对中国发动过大小数百次侵略战争，逼迫中国签订了大量不平等条约，使中国一步一步沦为一个半殖民地半封建国家。西方殖民主义者通

> **工业革命**（the industrial revolution）
>
> 又称产业革命，发源于英格兰中部地区，是指资本主义工业化的早期历程，即资本主义生产完成了从工场手工业向机器大工业过渡的阶段。工业革命是以机器取代人力，以大规模工厂化生产取代个体工场手工生产的一场生产与科技革命。由于机器的发明及运用成为这个时代的标志，因此历史学家称这个时代为“机器时代”（the age of machines）。它始于 18 世纪中叶，随后向英国乃至整个欧洲大陆传播，19 世纪传至北美。

过这些不平等条约，掠夺战争赔款和其他款项达1 000亿两白银。正是这些巨额赔款大大滋养了入侵者，直接导致了近代中国的贫穷与衰落。在这种背景下，寄希望于通过中国传统封建制度内部的变革来迎头赶上世界前进的浪潮已不可能。中国早期现代化运动的失败已充分证明了这一点。

再说第二种选择——向资本主义学习，走资本主义道路。近代中国，无论从国际环境还是从国内情况看，都不具备发展资本主义的条件。从国际环境看，当时，整个旧世界已被各个帝国主义列强瓜分完毕，分为宗主国和殖民地半殖民地。任何一个被压迫民族和国家，要想摆脱帝国主义控制，建立独立自主的资本主义国家，都必然遭到帝国主义的压制。帝国主义为了控制中国，不允许中国独立地发展资本主义。从国内情况看，经济上，官僚资产阶级与帝国主义、封建主义相勾结，加深了中国的殖民地化，它们绝不允许民族资本主义发展。政治上，中国封建势力的长期性和顽固性以及中国民族资产阶级的软弱性和妥协性，决定了中国民族资产阶级不可能作为先进阶级承担起中国现代化进程的伟大任务。思想文化上，中国是一个有着两千多年封建文化的文明古国，传统的思想文化已在社会中根深蒂固以至于中国近代资本主义经济、政治、文化都带有浓厚的封建色彩，产生了人类历史上畸形的资本主义——官僚资本主义。这种资本主义的封建性、没落性、腐朽性最终使国民党在中国大陆的统治崩溃。其实，为了挽救国家和民族的危亡，一代又一代的仁人志士曾经企图实行资本主义制度，以促进中国的进步，摆脱贫穷落后挨打的局面。但是，从洋务运动、太平天国运动、戊戌变法、义和团运动到孙中山领导的旧民主主义革命，都未能把中国从积贫积弱、任人宰割的悲惨境地中解救出来。由于找不到正确的救国救民道路，这些斗争都失败了。实践证明，中国走资本主义道路根本走不通，中华民国38年在大陆统治的失败也有力地证明了这一点。

最后说第三种选择——经过新民主主义达到社会主义。中国的社会主义是在中国资产阶级寻求救国之路彻底失败的前提下诞生的。第一次世界大战彻头彻尾地暴露了资本主义的弊端。1919年，中国爆发了五四运动。当时的中国正处在社会大变动的年代，各种社会思潮包括进步的、保守的、反动的应有尽有。中国的先进分子为了救中国，从各种各样的主义中选择了马克思主义，从多种不同的道路中选择了社会主义。这是中国人民作出的郑重历史选择。五四运动后，国家情势发生很大变化，俄国十月革命的影响在中国迅速传播开来。1921年，中国的无产阶级政党——中国共产党成立后，逐渐主导了中国革命的方向。以毛泽东为主要代表的中国共产党人对中国的前进方向有着深刻阐述：在这个时代，任何殖民地半殖民地国家，如果发生反帝国主义即反对国际资本主义的革命，它就不属于旧的资产阶级民主革命的一部分，而属于新的社会主义世界革命的一部分了。当时在中国这么一个大国，要建立一个资产阶级专政

中国共产党的诞生给中国带来了翻天覆地的变化。图为中国共产党第一次代表大会会址。

的国家，首先，帝国主义不允许，其次，社会主义也不允许。这就断绝了中国建立资本主义制度的道路，决定中国只能走从新民主主义到社会主义的革命道路。

在中国共产党领导下，中国人民推翻了帝国主义、封建主义、官僚资本主义的反动统治，建立了中华人民共和国，并创造性地完成了由新民主主义革命向社会主义革命的转变，确立了社会主义基本制度，实现了我国历史上最深刻、最伟大的社会变革，取得了社会主义革命的伟大胜利。这一切，不仅完成了民族独立和人民解放的历史任务，同时也为国家富强和人民富裕创造了前提。中国近代百年发展的历史证明，只有社会主义才能救中国。谁要是否定这一点，就是在否定历史。

五、只有中国特色社会主义才能发展中国

新中国成立 60 多年来，在实践中我们干的最重要的一件事，是逐步探索了一条切合中国实际的中国特色社会主义道路；在理论上我们作出的最重要贡献，是形成了中国特色社会主义理论体系；在制度创新方面我们作出的最重要贡献，是确立了中国特色社会主义制度。

在中国这样人口多底子薄的东方大国建设社会主义，是前无古人的崭新事业，只能在实践中不断探索。从新中国成立到改革开放前的 30 年间，以毛泽东为主要代表的中国共产党人对中国社会主义建设事业进行了艰辛的探索，提出了一系列具有独创性的观点，形成了走自己的道路、坚持统筹兼顾、正确处理人民内部矛盾、调动国内外一切积极因素等重要思想，积累了在我们这样一个社会生产力水平十分落后的发展中国家推进社会主义建设的重要经验。从社会主义制度建立，到“文化大革命”结束，我们党在领导社会主义建设的实践中，尽管在一段时间，指导思想上犯了“左”的错误，

经历了严重挫折，但所取得的巨大成就，是中国以往历史上任何一个时期都无法比拟的。我们在一穷二白的基础上，独立自主，自力更生，艰苦创业，建立了比较完整的工业体系和国民经济体系，为当代中国的一切发展进步奠定了根本政治前提和制度基础，为中国特色社会主义事业的开拓提供了重要前提条件。

党的十一届三中全会作出把党和国家工作中心转移到经济建设上来、实行改革开放的历史性决策，开启了我国改革开放历史新时期。邓小平在1982年党的十二大的开幕词中，首次鲜明地提出了中国特色社会主义的科学命题。在改革开放的伟大实践中，中国共产党人以解放思想为先导，锐意进取、奋力开拓，开辟了中国特色社会主义道路，形成了中国特色社会主义理论体系，确立了中国特色社会主义制度，把中国特色社会主义伟大事业不断推向前进。

改革开放30多年来，中国人民以一往无前的进取精神和波澜壮阔的创新实践，坚定不移地推进改革开放和社会主义现代化建设，中国的经济社会发展上了大台阶。自1978年以来，中国经济保持了年均9.7%的快速增长，远高于世界经济年均3.3%的增速，属于全球经济增长最快的国家，堪称“中国奇迹”。到2010年，我国的经济总量已排在世界第二位，2011年依然保持着这一位置，GDP占全球的比重由1978年的1%上升到10%左右。中国一些主要工农业产品产量居世界第一；吸引外资总额和外汇储备均居世界第一。中国进出口总额占全球的比重由1978年的不足1%上升到2007年的约8%。人民生活明显改善，贫困人口显著下降，居民生活已由温饱步入小康，人民安居乐业，社会秩序稳定。2008年世界银行公布的数字表明：近25年来，全人类取得的扶贫事业成就中，67%的成就应归功于中国。30多年来，中国全体国民的文化水平和文明素质明显提高。在解放思想、改革开放和社会主义现代化建设中，中国人民的思想观念、价值观念、精神面貌、文化水平、能力各方面都得到了高度的升华。精神生活和思想观念的变革调动了亿万群众的积极性和创造性，成为中国发展进步的强大精神动力。中国已经成为国际体系的重要成员，国际地位显著提高，中国奉行的独立自主外交政策，正在走的“和平发展”道路，赢得了世界各国的尊重。中国的发展，不仅使中国人民稳步走上了富裕安康的广阔道路，而且为世界经济发展和人类文明建设作出了重大贡献。

中国的改革开放取得了巨大的成功

今天我们完全可以说，改革开放 30 多年，是新中国历史上最好的发展时期，是中国经济社会发展最快的时期，是人民群众得实惠最多的时期，是中国人民投身现代化建设的积极性、主动性、创造性得到空前释放的时期，是中国国际影响日益扩大的时期。

新中国成立 60 多年尤其是改革开放 30 多年的历史经验充分证明：中国搞现代化，只能靠社会主义，不能靠资本主义。我们党在实践中开辟的中国特色社会主义道路，是一条能够使民族振兴、国家富强、人民幸福、社会和谐的康庄大道；我们党在理论创新中创立的中国特色社会主义理论体系，是马克思主义中国化的最新成果，是党最可宝贵的精神财富。

可以设想，如果在当代中国搞资本主义，盲目照搬西方经济制度、发展模式，接受西方搞私有化、自由化，经济上势必造成贫富悬殊，导致两极分化，大量的人仍然摆脱不了贫穷，甚至连温饱问题都不可能解决；政治上势必造成党派林立、政治动荡，人民的基本权利根本不可能得到保障；思想文化上势必出现思想混乱、道德沦丧；社会上必然是阶级矛盾、社会矛盾日益尖锐，政局不稳、天下大乱；国际上只能配当西方资本主义国家的附庸国、殖民地。总之，中国如果走资本主义道路，将是一场灾难和大倒退。而一个具有 13 亿人口的大国一旦出现大乱，不仅对中华民族是一个灾难，对整个世界可能也是一个灾难。

当然，我们必须承认，社会主义的中国在经济、技术、文化等方面仍然不如发达的资本主义国家，这是不争的事实。但是，这绝不是因我们选择了社会主义制度而造成的，从根本上说，是新中国成立以前的历史造成的，是帝国主义和封建主义造成的。社会主义革命已经使中国大大缩短了同发达资本主义国家在经济发展方面的差距。我们尽管犯过一些错误，但我们还是在 60 多年间取得了旧中国几百年、几千年所没有取得过的进步。

在全面建成小康社会新阶段，改革开放向深层次推进，出现了许多新情况、新问题、新矛盾。面对这些矛盾和问题，重走老路，回到高度集中的计划经济体制，僵化封闭，只能是死路一条；改旗易帜，走别人的路，照搬别国发展模式，也是死路一条。正因为如此，党的十八大报告明确指出："在改革开放三十多年一以贯之的接力探索中，我们坚定不移高举中国特色社会主义伟大旗帜，既不走封闭僵化的老路、也不走改旗易帜的邪路。中国特色社会主义道路，中国特色社会主义理论体系，中国特色社会主义制度，是党和人民九十多年奋斗、创造、积累的根本成就，必须倍加珍惜、始终坚持、不断发展。"

中国有中国的特殊国情，世界上没有放之四海而皆准的发展道路和发展模式，也没有一成不变的发展道路和发展模式，中国的发展必须走自己的路，把马克思主义基本原理与中国具体实际相结合，这是几代人艰辛探索得出的结论，也是历史和人民的必然选择。

回顾百年来中国人民在现代化进程中的艰辛探索，回顾新中国成立 60 多年社会主义建设的不平凡历程，我们更加深切地认识到，中国特色社会主义道路来之不易。这条道路，符合人类社会发展规律，延续并从根本上发展了近代以来无数仁人志士的期盼和追求，凝结着千千万万革命先烈的奋斗和牺牲，承载着一代又一代中国共产党人的理想和探索，我们应该倍加珍惜、坚定不移。只要我们不动摇、不懈怠、不折腾，坚定不移地推进改革开放，坚定不移地走中国特色社会主义道路，我们就一定能够在中华民族伟大复兴的征程上绘就恢弘壮美的历史画卷，为人类文明作出新的更大贡献。

第五章

民主社会主义不适合中国

中国特色社会主义与民主社会主义是两种完全不同的思想体系和发展道路，是“两股道上跑的车”。

近几年来，民主社会主义在中国知识界、学术界甚嚣尘上，民主社会主义再次成为一些人热议的话题。有人认为，当前中国进行的改革是在走民主社会主义的道路，中国特色社会主义实际上就是民主社会主义的发展模式；民主社会主义是社会主义的正统，搞民主社会主义才可以解决中国发展中遇到的问题，因此，只有民主社会主义才是中国的前途。这种说法是错误的。当今中国不是在走民主社会主义道路，民主社会主义也不是中国未来的前途。弄清楚这个问题，需要先把民主社会主义的由来及其演变、民主社会主义与科学社会主义的区别弄清楚，进而认清为什么民主社会主义不适合中国。

一、民主社会主义思潮的由来及其演变

民主社会主义，某些时期也称社会民主主义，起源于19世纪中叶。18世纪后期，欧洲思想启蒙运动的最终发展产生了两类反对专制主义的思潮：一是自由主义；二是民主主义。民主社会主义是由民主主义发展演变而来的。1895年恩格斯逝世后，在伯恩施坦、考茨基的影响下，社会民主主义逐步演变为一种在资本主义范围内通过议会道路来改良资本主义的思想主张，并成为世界各国社会党、社会民主党和工党所信奉的思想体系与意识形态。民主社会主义的发展经历了以下几个阶段：

社会民主主义

一种社会思潮和社会运动。它反映和代表了各国社会党（包括社会民主党、工党）及其国际联合组织“社会党国际”解决社会矛盾问题、处理政治问题的共同的基本主张、基本观点、基本理论和方法，是各国社会党思想体系的统称。社会民主主义思潮最初于19世纪中叶诞生于欧洲，作为对资本剥削和侮辱劳动阶级的反抗运动，迄今已存在了一个半世纪之久。在一百五十余年的风风雨雨中，社会民主主义已经历了由理论到实践、由欧洲到世界的发展过程，日益发展壮大。

第一，19世纪中叶，欧洲爆发资产阶级革命。当时对革命产生影响的思潮有马克思主义，也有其他种种非马克思主义，其中就有社会民主主义。这时的社会民主主义者或者社会民主党人，是指法国、德国小资产阶级民主派或小资产阶级的社会主义者。在1848年法国革命中，以赖德律·洛兰为首的小资产阶级民主共和党和以路易·勃朗为代表的小资产阶级社会主义党合并，建立了世界上第一个社会民主党。他们也主张建立社会主义，但途径是依靠资产阶级国家的帮助来组织“国家工厂”。马克思认为，他们是“半保守、半革命和全然空想的改良家”。当时的社会民主主义也主张共和民主制度，但并不是为了消灭资本和雇佣劳动这两极，而是为了缓和这两者之间的对立，并使之协调起来。显然，社会民主主义一开始只是一种小资产阶级的、具有明显改良主义色彩的社会主义，与马克思主义的社会主义有着根本区别。

> **第二国际**（the Second International）
>
> 1889—1914年各国社会主义政党的国际联合组织。其名称起自20世纪初，是相对于第一国际（国际工人协会）而言的。第二国际即“社会主义国际”、“社会党国际”，1889年7月14日在巴黎召开第一次大会，通过《劳工法案》及《五一节案》，决定以同盟罢工为工人斗争的武器。

第二，19世纪末20世纪初，社会民主主义几乎一度成了科学社会主义的同义语。由于工人运动的高涨和马克思主义的传播，工人阶级政党开始建立。1869年，第一个在民族国家内建立的独立的无产阶级政党——德国社会民主工党成立。德国社会民主工党沿用了社会民主主义的概念，其领导人威廉·李卜克内西也经常使用民主社会主义的概念。之后，欧美各国无产阶级政党相继成立，在此基础上成立了第二国际。第二国际各党大都命名为社会民主党或社会党，自称社会民主主义。恩格斯当时就指出，这个名称在科学上是“不确切的”，但是它包含着马克思主义的内容，因而被“容忍了”。因此，此时的社会民主主义常常被当作科学社会主义、共产主义的同义词使用的。在国际共产主义运动未分裂之前，“社会民主主义”与“科学社会主义”是相通的。

1895 年恩格斯逝世后，伯恩施坦以最完整的形式提出了对马克思主义的修正，成为现代民主社会主义者最重要的思想渊源。俄国无产阶级政党建立伊始，仍沿用俄国社会民主工党的名称，列宁等俄国马克思主义领袖也自称社会民主主义者。后来，伯恩施坦修正主义者掌握了大多数社会民主党的领导权，在第一次世界大战中公开站在本国资产阶级政府一边，支持进行帝国主义战争，修正主义变成了社会沙文主义。在伯恩施坦修正主义的影响下，社会民主主义逐渐演变为彻底的社会改良主义。它虽然打着社会民主主义的旗号，但始终不接受马克思主义基本原理，最终导致了第二国际的破产。第二国际分裂后，社会党以“社会民主主义”作为自己的意识形态标志，与共产党的“共产主义”意识形态相区别。在民主主义之前冠以“社会”，是表示与传统的民主主义有所不同：传统的民主主义主要关注普选权、自由选举等政治方面的民主；社会民主主义则更多关注社会的平等，更多关注如何消除由于不公正的分配而带来的经济剥削。

列宁对伯恩施坦修正主义和社会沙文主义进行了全面而深刻的批评和斗争，决定抛弃已经被玷污和破坏了的“社会民主党人”称号，恢复“共产党人”这个原先的马克思主义者称号。此后，社会民主主义几乎成了修正主义和机会主义的代名词。

修正主义

“修正”一词来源于拉丁文 reisio，有“修改、重新审查”之意。“修正主义”一词，是在共产主义运动中对马克思主义进行歪曲、篡改、否定的一类资产阶级思潮和政治势力，是国际工人运动中打着马克思主义旗号反对马克思主义的机会主义思潮。

第三，20 世纪 50 年代，民主社会主义与科学社会主义正式对立。1951 年 6 月 30 日至 7 月 3 日，由英国工党发起，在联邦德国的法兰克福召开的国际社会党会议上，社会党国际宣告重新成立。社会党国际是主张民主社会主义的社会民主党、社会党、工党及其他政党的国际联合组织，总部设在英国伦敦。法兰克福大会通过了纲领性宣言《民主社会主义的目的和任务》（简称《法兰克福宣言》），明确宣布“民主社会主义”是社会党人的意识形态。社会党人为了凸显其民主性，将其思想体系的名称由“社会民主主义”颠倒成“民主社会主义”。他们宣称，民主社会主义不是简单的民主和社会主义的相加，在“社会主义”之前冠以“民主”，主要是针对“无产阶级专政”而言，是为了攻击社会主义国家的“不民主”。他们主张对资本主义制度进行改良，而不是彻底推翻；同时，他们也不放弃以新的制度来代替资本主义。社会党国际既批评垄断资本主义的“剥削造成人群的分化”及其他各种弊端，又谴责现实社会主义“建立一党专政而企图使这些阶级的分化加剧”，“限制了人的自由发展”，因而，标榜要在资本主义与共产主义之间走“第三条道路”。

第四，20世纪90年代，苏东剧变使以苏联为首的欧洲社会主义国家纷纷垮台，社会党国际一时间失去了平衡。它一直宣称在资本主义和共产主义之间寻求“第三条道路”，但是这个主张落空了。之后的社会党转向极右，它将自己的指导思想由“民主社会主义”又改为“社会民主主义”。之所以不再坚持“民主社会主义”，就是因为其中包含着“社会主义”这个词。其目的是显示与苏联东欧的“现实社会主义划清界限”。这种改变意味着其并不是一种“民主”的“社会主义”，而是一种“社会”的“民主主义”。这表明，当代社会党人已经主动放弃了对“社会主义”的追求，他们不再把社会主义当作一种社会制度，而仅仅将其看作通过对现存社会的不断调整，以实现平等与互助的价值，从而彻底放弃了对资本主义的“制度替代”。

通过以上考察可以看出，经过不断的历史演变，民主社会主义与科学社会主义已成为完全不同的两种思想体系。

二、民主社会主义与科学社会主义的根本区别

民主社会主义与科学社会主义是两种完全不同的思想体系，在对待马克思主义、对待资本主义和社会主义问题上，二者有着十分显著的区别。

第一，理论基础和指导思想不同。

民主社会主义的理论基础是唯心史观、伦理社会主义、抽象人道主义及批判理性主义等。民主社会主义的思想渊源有多种成分，如人道主义哲学、康德的伦理学、法国大革命的人权学说、资产阶级的自由主义、基督教伦理道德思想以及资产阶级的福利经济学、凯恩斯的国家干预、充分就业理论，等等。也就是说，民主社会主义奉行指导思想的多元化。民主社会主义指导思想的多元化，主要表现在其思想来源的多元化、具体指导思想构成的多元化等方面，这就从根本上否定了马克思主义在意识形态领域中的指导地位，否定了马克思主义。民主社会主义不仅坚持多元化的指导思想，而且随着世界局势、历史条件、文化传统等因素的变化，不断调整和改变自己的指导思想，从而具有多元性、伦理性、改良性的特点。概括来看，它是以资产阶级超阶级的民主、自由、人权为核心，宣扬阶级调和的社会改良主义思想体系。

科学社会主义的理论基础是唯物史观和剩余价值学说，是马克思主义哲学和政治经济学的合乎逻辑的继续、发展和完成。科学社会主义具有实践性、创造性、开放性的特点，它批判地继承了人类一切文明的优秀成果，并在实践中得以不断丰富和发展。科学社会主义是以马克思主义为唯一指导思想的理论，是马克思在研究资本主义社会的基本矛盾之后，得出的关于人类社会发展必然规律的科学理论，是关于工人阶级根本利益和斗争任务的科学学说。

第二，关于民主、专政和国家问题的观点不同。

民主社会主义民主观主张政治多元化，主张多党制的议会民主，宣扬超阶级的民主、自由、人权的价值观，主张建立民有、民治、民享的政治。民主社会主义民主观没有超出资产阶级民主制的范围，仍然是为资产阶级服务的。民主社会主义反对建立无产阶级专政，认为无产阶级民主专政的实质是独裁专制。民主社会主义否认现代国家的资产阶级属性，夸大社会管理职能，抹杀阶级统治职能，认为民主社会主义者执政的国家是“民主福利国家”，攻击社会主义国家是“独裁统治”，把社会主义国家对敌对分子的专政污蔑为“消灭个性、自由和不人道”。总之，民主社会主义根本否认了民主与专政的阶级属性和社会主义国家与资本主义国家的本质区别，也抹杀了无产阶级专政同资产阶级专政的本质区别。

科学社会主义强调，民主是具有鲜明阶级性的政治范畴和历史范畴。主张否定资产阶级民主制，建立无产阶级民主制，因为资产阶级民主是建立在生产资料私有制基础上的政治制度，其本质是资产阶级用以保护和巩固自己的私有财产和政治统治地位的工具，而社会主义民主是建立在生产资料公有制基础上的民主和对极少数社会主义敌对分子专政的结合，是最新类型的民主。科学社会主义认为国家是阶级矛盾不可调和的产物，是阶级统治的工具，它具有两种属性即阶级性和社会性、两种职能即阶级统治职能和社会管理职能，只有到了共产主义社会，国家才会消亡。

第三，关于生产资料所有制的观点不同。

民主社会主义并不把生产资料所有制作为衡量社会性质的标准，它不主张消灭资本主义私有制，而是主张在保留生产资料私有制的前提下，实行国有经济、私人经济和其他经济并存的“混合经济”；强调私有制可以在重要生产领域内存在，并认为私有制是不可缺少和不能触动的，它在整个经济中发挥着主导作用。它还鼓吹在确保垄断资本家高额利润的条件下，适当改善工人生活和劳动条件，实行福利政策，以缓和劳资冲突。民主社会主义的这种观点起着维护资本主义制度的作用。

科学社会主义则认为，生产资料私有制是无产阶级和全体劳动人民受剥削、受压迫的根本原因，社会主义的实现，必须逐步消灭生产资料私有制，建立以生产资料公有制为主导的经济制度。因此主张对生产资料私有制进行社会主义改造，逐步消灭剥削制度，实行按劳分配和有计划的商品经济，并在实行计划指导的同时，发挥市场调节的积极作用。

第四，实现社会主义的手段不同。

民主社会主义反对暴力革命，坚决反对无产阶级革命和无产阶级专政，反对打碎资产阶级国家机器，主张在保持资本主义制度的前提下进行改良，和平步入社会主义。民主社会主义认为，民主的思想反映在实现社会主义道路问题上，表现为通过民主的、和平的和议会竞选的道路，争取多数席位上台执政或参政，认为只要通过民主的方式争取多数人的支持，就能掌握政权，改造社会。

科学社会主义则主张，以暴力革命的方式或以武力为后盾的和平手段夺取政权，通过无产阶级革命建立社会主义制度，并通过改革不断完善社会主义制度。马克思主义认为，革命的根本问题是政权问题，无产阶级应该团结和领导最广大劳动人民推翻资产阶级的统治，确立无产阶级专政或人民民主专政。同时，各国可以根据自身所处的历史条件及其状况的不同，由工人阶级自己选择采取不同的斗争方式夺取政权。问题的关键在于，无产阶级只有夺取政权，打碎并彻底改造旧的国家机器，建立无产阶级专政，才能实现社会主义。

第五，对于无产阶级政党的认识不同。

民主社会主义否定无产阶级政党的领导权，反对工人阶级的领导，主张资本主义两党制或多党制，认为工人阶级已经不能在政治生活中发挥历史主体作用，社会主义要由新出现的社会阶层来领导。

民主社会主义把政党仅仅当作争取选票的工具，否认政党的阶级性、先进性、纪律性、统一性，鼓吹政党的群众性、全民性、联邦性，党员进退自由，公开反对民主集中制。民主社会主义的政党观，实质上是在为垄断资产阶级的利益服务。

科学社会主义始终坚持无产阶级政党的革命领导权，反对多党制。科学社会主义认为无产阶级政党承担着实现民族独立和人类解放的任务，承担着实现共产主义的历史使命；坚持共产党的工人阶级先锋队性质，并强调共产党必须永远保持这种性质，强调它的阶级性、先进性、纪律性、统一性；强调坚持民主集中制原则，以保证党在政治上、思想上、组织上的一致性。

第六，最终奋斗目标不同。

民主社会主义始终把民主、自由、公正等抽象的伦理原则作为自己的奋斗目标，把理性作为人类社会政治活动的源泉并以此出发反对共产主义。其历史唯心主义哲学基础必然使其陷入空想共产主义的境地。民主社会主义仅仅把社会主义作为一种价值追求，认为社会主义只是民主、自由、公正、互助、友爱等价值观念的实现，否认社会主义必然代替资本主义这个历史客观规律，不承认有最终目标的存在，主张“运动就是一切”，甚至公开宣称“应当铲除共产主义”。民主社会主义还认为资本主义的弊端和矛盾的根源不在于资本主义制度，而在于违背了自由、平等、公正、互助等伦理原则，鼓吹要在资本主义和共产主义之间寻找“第三条道路”，建立一个既不同于资本主义社会，又与共产主义相对立的“新社会”。

科学社会主义遵循历史唯物主义的基本原理，认为社会历史发展的动力和社会主义的实现，只能从社会生产方式的变迁中去寻找，通过对资本主义生产力与生产关系、经济基础与上层建筑、无产阶级与资产阶级矛盾斗争的分析得出了“社会主义必然代替资本主义”的结论。科学社会主义强调只有建立社会主义制度，才能最终实现人民的幸福、解放、民主和自由，同时也强调社会主义要吸收借鉴人类的一切文明成果。科学社会主义主张顺应人类社会的发展规律，其最终奋斗目标是在全人类实现共产主义。马克思主义认为，从资本主义走向社会主义和共产主义，是人类社会历史发展的必然结果，共产党人要为实现共产主义的伟大理想而奋斗。为此，必须推翻资本主义制度，建立社会主义制度，消灭剥削，消灭阶级，进而发展到共产主义。

马克思与恩格斯一起创立了科学社会主义

总之，民主社会主义继承了社会主义的一些价值目标，所以不是纯粹的资产阶级政治思想。但是，民主社会主义不坚持辩证唯物论和历史唯物论，不承认社会主义代替资本主义的历史必然性，所以不是真正的马克思主义。在对待资本主义上，民主社会主义主张用对经济的民主监督取代消灭私有制，用实行社会保障和社会福利制度来缓和资本主义内部的矛盾。因此，民主社会主义在本质上是一种资产阶级的社会改良主义，是对马克思主义和科学社会主义的否定。

三、中国不能走民主社会主义道路

民主社会主义思潮在第二次世界大战之后的西欧社会较为流行，当时一些民主社会主义政党上台执政，它们对二战以后欧洲整个社会的发展确实也起了一定的推动作用。民主社会主义模式，一般被称为“福利国家模式”，其突出特征是国家通过各种法定的福利保障计划形成一种体制，建立一种社会保障网，实行从“摇篮到坟墓”的高度社会福利，涵盖社会保障、社会福利、社会服务和社会补助等方面，使个人不因生、老、病、残等原因而影响正常的生活。这种福利国家政策在一定程度上缩小了贫富分化差距，缓和了社会矛盾，为实现社会公平奠定了基础。但是，民主社会主义并不适合中国。

第一，中国特定的历史条件决定不能走民主社会主义道路。

民主社会主义的实质是资产阶级改良主义，是一种在资本主义制度框架内进行渐进性改良的政治学说。从某种程度上来说，民主社会主义是 19 世纪末 20 世纪初欧洲无产阶级与资产阶级斗争妥协的结果。当时，资产阶级的力量非常强大，工人阶级的力量十分弱小，因此，工人阶级萌发了“在资本主义制度内植入社会主义”的设想。随着欧洲政治经济社会的发展，这种借助资本主义力量发展社会主义的方案在北欧成为现实。民主社会主义在欧洲所取得的成就，并不完全是由于民主社会主义所奉行的价值观念、政策纲领的模式，而更应归因于欧洲较为深厚的政治、经济和社会发展水平。中国所处的特定的历史条件，决定了民主社会主义道路在中国根本行不通。

从历史发展的规律来看，在封建社会之后，应该是民族资产阶级领导人民推翻封建制度进入资本主义社会，然后再由无产阶级带领人民走向社会主义社会。但是，近代以来，中国人民深受帝国主义、封建主义和官僚资本主义的压迫，半殖民地半封建社会的环境限制了中国民族资本主义的发展，特定的历史条件和生存环境使得中国的民族资产阶级发展不健全，力量也不够强大，从而在革命过程中呈现出软弱性和妥协性，再加上缺少原始积累，中国的民族资产阶级根本没有能力领导中国人民取得民族独立和国家解放。

因此，近代以来，中国革命只能使中国从半殖民地半封建社会经由短暂的新民主主义社会直接跨入到社会主义社会，这一特定的历史条件使我们根本没有搞改良主义、走议会道路的社会条件，从而根本没有条件也不可能走这条资本主义改良道路——民主社会主义道路。当时的中国，无论是从经济社会发展水平，还是从政治发展水平来说，与经历了几百年资本主义发展的欧洲都有天壤之别。当时中国的出路，只能是广大人民在无产阶级政党——中国共产党的领导下，通过新民主主义革命和社会主义革命，“打碎一个旧世界，建立一个新世界”，争取获得民族独立和人民解放，建立社会主义制度，最终实现国家的繁荣富强。

第二，中国的现实国情决定不能走民主社会主义道路。

从我国的现实国情来看，当前我国还处于社会主义初级阶段，经济社会发展水平还比较低，保持较快的发展速度和较高的劳动生产率，是多数人的愿望，也关系国家的前途命运。我们国家的任何政策都不能脱离这个基本国情。如果在中国实行民主社会主义，势必会放慢国家的经济发展速度，甚至会错失发展良机，扰乱国家整体发展战略，导致社会发展停滞、人民生活水平下降，甚至导致社会的动荡和国家政权的动摇。

一方面，我国是中国共产党领导下的社会主义国家，以马克思列宁主义、毛泽东思想、邓小平理论、“三个代表”重要思想和科学发展观为指导，走的是中国特色社会主义道路。中国特色社会主义在当代中国所取得的成就表明：中国特色社会主义既是一种伟大的理论，也是一种伟大的实践。胡锦涛总书记在党的十七大报告中指

> **中国特色社会主义道路**
>
> 在中国共产党领导下，立足基本国情，以经济建设为中心，坚持四项基本原则，坚持改革开放，解放和发展社会生产力，建设社会主义市场经济、社会主义民主政治、社会主义先进文化、社会主义和谐社会、社会主义生态文明，促进人的全面发展，逐步实现全体人民共同富裕，建设富强民主文明和谐的社会主义现代化国家。

出，改革开放以来我们取得一定成绩和进步的根本原因，归结起来就是：开辟了中国特色社会主义道路，形成了中国特色社会主义理论体系。高举中国特色社会主义伟大旗帜，最根本的就是要坚持这条道路和这个理论体系。在当代中国，坚持中国特色社会主义道路，就是真正坚持社会主义；坚持中国特色社会主义理论体系，就是真正坚持马克思主义。中国特色社会主义是马克思主义的基本原理与中国实际相结合的产物，是符合我国国情和发展需要的正确道路，我们必须坚定不移地走下去。

另一方面，当前我国正处于并将长期处于社会主义初级阶段，经济发展水平还比较低，每年新增人口和新增劳动力数量大，这使得我国必须保持较快的发展速度和较高的劳动生产率。如果走民主社会主义道路，实施“高税收、高福利”等政策，势必会带来一系列问题：高福利必须要有高税收来支撑，这无疑将降低人们在中国投资的欲望，降低国内经济发展的速度和劳动生产率；高福利将大大增加我国的劳动力成本，这无疑会使我国的劳动力优势丧失，甚至带来社会动荡等严重的社会问题；高福利会使一些人宁愿领失业救济金过日子也不愿去工作，形成一个寄生于高福利政策下的阶层，从而成为国家的包袱；高福利容易使我国政府债台高筑，我国人口基数庞大，实行高福利势必使政府财政入不敷出，不得不高举外债。

第三，民主社会主义并不具备普适性决定中国不能走民主社会主义道路。

民主社会主义不具备普适性。首先，民主社会主义在欧洲的盛行，是在二战结束之后，与二战后欧洲特殊形势息息相关。二战后的欧洲哀鸿遍野，满目疮痍，人民渴望和平，向往安居乐业的日子，恢复生产、发展经济成为欧洲各国的首要任务。20世纪20年代自由经济导致的大危机的梦魇在欧洲挥之不去，30年代罗斯福新政中凯恩斯主义国家干预经济社会生活的成功给欧洲人以启示，四五十年代苏联的经济社会成就既让欧洲政治家恐慌，又让他们钦佩。完全的自由主义市场模式要不得，国家包揽经济社会生活的模式也难以接受。国家干预经济社会发展模式成为唯一选择，这一选择与各国社会党的政治经济社会纲领政策正好吻合。英国工党在二战后初期宣布建成福利国家，之后至70年代中期，多数北欧国家的社会党上台执政，形成民主社会主义在欧洲的一次浪潮。其次，民主社会主义之所以能在北欧取得一些成就，与其特定的历史和国情密切相关。北欧国家长达200多年没有战争，国家小、人口少、民族单一、教育普及程度高、有较为共同的宗教信仰、资源比较丰富等等，这些都为民主社会主义的发展提供了非常有利的条件。再次，民主社会主义之所以能在北欧取得一些成就，也与冷战的国际形势有关。冷战时期，两大阵营的对立，一方面使瑞典等国的经济发展有一个相对独立的政治环境，另一方面在“中间地带”生存本身也促使瑞典等国希望寻找一种不同于东西方两种经济模式的发展模式。

在当代世界，具有代表性和典型意义的资本主义发展模式除了北欧民主社会主义模式，还有美国模式、日本模式、西欧的德国模式等，这些模式都是在各国特殊环境中成长起来的。北欧模式虽然为人们津津乐道，但是却未能在其他资本主义国家推广。其他国家不具备北欧诸国的特定历史条件。在发展模式上，没有哪一种模式是普遍适用的，一国只有以自身的历史、文化和国情为基本出发点，才能闯出一条成功的发展道路来。

我国疆域辽阔、人口众多、民族众多，人口素质和人民文化水平普遍不高，文化差异性较大，资源严重匮乏等情况，与北欧是截然不同的。连西欧、美国、日本都不照搬北欧模式，我们就更不能照搬这种模式了。

第四，民主社会主义面临的困境使中国不能走民主社会主义道路。

20世纪70年代中期的经济危机使民主社会主义重公平、轻效率的弊端暴露无遗，欧洲社会开始对民主社会主义进行批判，民主社会主义在欧洲陷入低潮并面临着多重困境。主要表现在以下几个方面：

思想意识方面。二战之前，改良资本主义、实现社会主义是各国社会党普遍追求的理想。面对新自由主义的冲击，二战结束后，社会党逐渐改变传统政策，试图划清与社会主义之间的界限。20世纪八九十年代，苏联东欧社会主义的失败使社会民主党人主张放弃“民主社会主义”而转向“社会民主主义”，这实际上是与传统社会主义相脱离。由于它认为资本主义是唯一的选择，民主社会主义已经由资本主义的对立面发展成为资本主义的伙伴，由资本主义的批判者和改造者转变为资本主义的拥护者和维护者。这就充分表现出民主社会主义在思想上的混乱。

社会基础方面。20世纪70年代以来，随着社会的发展，发达资本主义国家的阶级结构出现了一些新变化，“传统”的工人阶级大量减少，社会民主党所推行的中间化的改革，也淡化了工人阶级的阶级意识，这就动摇了民主社会主义所依赖的传统的社会基础。

福利政策方面。福利政策是民主社会主义国家实行的主要政策之一。二战以后，欧洲的社会民主党、社会党、工党积极参与国家的政治、经济和社会建设，在战后重建的过程中，逐渐形成了现代民主社会主义的理想模式，即凯恩斯主义的宏观经济调控加上社会福利国家制度。但是，20世纪70年代以来的石油危机使资本主义经济陷入了“滞胀”阶段，经济发展逐渐失去了活力，财政负担也不断加重，社会党曾经引以为豪的福利政策背上了“滋养懒汉”、“劫富济贫”的骂名。

国家调控方面。全球化特别是经济全球化的发展，对民主社会主义的国家导向战略产生了前所未有的冲击。随着市场经济在全球的扩张，这些国家逐渐丧失了控制国家事务的权威，也不能再奉行独立的经济政策，从而导致了凯恩斯主义的失灵。为了应对危机，民主社会主义提出了“第三条道路”的主张，试图在国家干预与市场调节中寻找平衡点，但是这一改革并没能拯救民主社会主义，反而使其指导思想和理论混乱，导致自我身份和价值的丧失，使社会党在“超越传统的左与右”的过程中左右为难。

总之，民主社会主义在经历了战后初期的高潮后，至20世纪70年代后陷入了困境。2005年以来欧洲政坛的变化也告诉我们：“第三条道路”改革在实践中受到了质疑。社会民主党在2009年欧洲议会选举中的惨败和近年来德国社会民主党、法国社会党和英国工党的接连失利都表明了社会民主主义的困境。

与民主社会主义陷入困境相比较，20世纪80年代以来，中国则进入了发展的快车道，在政治、经济、文化、社会建设等各方面取得了举世瞩目的成就。基于此，中国不可能也没有必要选择正面临困境和危机的民主社会主义道路。

第五，社会主义的优越性决定中国没必要走民主社会主义道路。

改革开放以来，我国已经取得了举世瞩目的成就，我们已经实现了第一步和第二步战略目标，人民生活总体上达到了小康水平，现在全国人民正加倍努力，向全面小康社会和第三步战略目标迈

小康社会

古代思想家描绘的诱人的社会理想，也表现了普通百姓对宽裕、殷实的理想生活的追求。所谓全面的小康社会，不仅仅是解决温饱问题，而是要从政治、经济、文化等各方面满足城乡发展需要。十六大报告中，从经济、政治、文化、可持续发展四个方面界定了全面建设小康社会的具体内容，特别将可持续发展能力的要求包含在其中。具体就是六个“更加”：经济更加发展、民主更加健全、科教更加进步、文化更加繁荣、社会更加和谐、人民生活更加殷实。2012年8月15日数据显示，江苏9个省辖市已经达到“全面小康”。

进。既然“中国发展模式”已经使得中国取得了重大成就，中国不可能也没有必要回过头去走这条已经落后的道路——民主社会主义道路。

改革开放以来，我们始终坚持马克思主义基本原理，并把它同中国具体实际结合起来，我们在坚持马克思主义为指导思想的基础上结合新的实际不断推进马克思主义中国化，制定了符合我国国情的各种方针政策，如坚持公有制为主体、多种所有制经济共同发展的基本经济制度，坚持人民代表大会制度、中国共产党领导的多党合作和政治协商制度、民族区域自治制度、基层群众自治制度等政治制度，决不搞西方的三权分立和多党制，等等，其目的都是为了更好地发挥社会主义制度的优越性，出发点和落脚点是社会主义的自我完善和发展。

中国特色社会主义与民主社会主义是两种完全不同的思想体系和发展道路，是“两股道上跑的车”。即使我们提出的发展多种所有制经济、改善民生、增加社会福利等政策，其目的也是为了巩固和发展社会主义，其理论基础是马克思主义，其着眼点是实现最广大人民的根本利益，其最终目的是实现全体人民的共同富裕，实现人的自由而全面的发展。这些制度和政策同民主社会主义的思想理论和政策实践，有着重要的区别。社会主义是一种比资本主义层次更高的社会体制，社会主义制度具有资本主义制度所不可比拟的巨大优越性，只有中国特色社会主义才能发展中国。民主社会主义虽然也自称“社会主义”，但它把社会主义仅仅看成是一种道德需要，否认社会主义代替资本主义的历史必然性。所以，民主社会主义并没有超出资本主义制度的范畴，实质上只是对资本主义制度的一种改良。

总之，民主社会主义可以在欧洲各国非常流行，但是由于中国不存在实行民主社会主义的历史传统和现实条件，因此并不适合中国。从总体上看，不管国际风云如何变幻，形势如何严峻，中国共产党都只能毫不动摇地坚持中国特色社会主义道路，绝不能走民主社会主义道路。但是我们又要认识到，民主社会主义作为一种国际性的社会思潮，其影响和渗透是广泛的；民主社会主义在欧洲的实践取得了一定的成绩，积累了一定的经验，其中有一些经验值得我们借鉴。对于民主社会主义在全球范围内的渗透，我们务必要保持清醒的头脑和高度的警惕，必须坚持马克思主义在意识形态领域的指导地位，而不能搞指导思想的多元化；必须坚持科学社会主义，而不能搞民主社会主义。

第六章

坚定不移走中国特色社会主义道路

全面建成小康社会，加快推进社会主义现代化，实现中华民族伟大复兴，必须坚定不移走中国特色社会主义道路。

党的十八大报告明确指出："回首近代以来中国波澜壮阔的历史，展望中华民族充满希望的未来，我们得出一个坚定的结论：全面建成小康社会，加快推进社会主义现代化，实现中华民族伟大复兴，必须坚定不移走中国特色社会主义道路。"那么什么是中国特色社会主义道路呢？党的十七大报告曾对此有明确的表述。党的十八大报告在十七大报告的基础上指出："中国特色社会主义道路，就是在中国共产党领导下，立足基本国情，以经济建设为中心，坚持四项基本原则，坚持改革开放，解放和发展社会生产力，建设社会主义市场经济、社会主义民主政治、社会主义先进文化、社会主义和谐社会、社会主义生态文明，促进人的全面发展，逐步实现全体人民共同富裕，建设富强民主文明和谐的社会主义现代化国家。"我们要准确把握中国特色社会主义道路的科学内涵，坚定不移走中国特色社会主义道路。

一、中国特色社会主义道路是在中国共产党领导下开辟的社会主义道路

中国共产党不仅是中国特色社会主义道路的开辟者，也是中华民族沿着这条道路走向伟大复兴的领导者。我们党对中国特色社会主义建设道路的初步探索，始于1956年社会主义改造完成之后。党的八大结合当时中国实际，对如何建设、巩固和发展社会主义作了认真分析和全面部署。毛泽东在《论十大关系》、《关于正确处理人民内部矛盾的问题》等论著中，对像中国这样的经济文化落后国家如何建设社会主义进行了初步探索，为后来探索中国特色社会主义道路积累了宝贵的经验。正因为如此，党的十七大报告明确指出：我们要永远铭记，改革开放伟大事业，是在以毛泽东同志为核心的党的第一代中央领导集体创立毛泽东思想，带领全党全国各族人民

建立新中国、取得社会主义革命和建设伟大成就以及艰辛探索社会主义建设规律取得宝贵经验的基础上进行的。党的十八大进一步强调：毛泽东时期，“在探索过程中，虽然经历了严重曲折，但党在社会主义建设中取得的独创性理论成果和巨大成就，为新的历史时期开创中国特色社会主义提供了宝贵经验、理论准备、物质基础”。

我们党对中国特色社会主义道路的成功探索，开始于党的十一届三中全会以后。可以说，改革开放以来，我们党的所有理论创新和实践创新都是围绕中国特色社会主义这个主题展开的。1982 年 9 月，邓小平在党的十二大开幕词中明确提出了“走自己的道路，建设有中国特色的社会主义”这一命题。此后，我们党的历次代表大会的报告中都有“中国特色社会主义”这个主题关键词。1987 年召开的党的十三大，大会报告名称为《沿着有中国特色的社会主义道路前进》；1992 年召开的党的十四大，大会报告名称为《加快改革开放和现代化建设步伐　夺取有中国特色社会主义事业的更大胜利》；1997 年召开的党的十五大，大会报告名称为《高举邓小平理论伟大旗帜　把建设有中国特色社会主义事业全面推向二十一世纪》；2002 年召开的党的十六大，大会报告名称是《全面建设小康社会　开创中国特色社会主义事业新局面》；2007 年召开的党的十七大，大会报告名称是《高举中国特色社会主义伟大旗帜　为夺取全面建设小康社会新胜利而奋斗》；2012 年召开的党的十八大，大会报告名称是《坚定不移沿着中国特色社会主义道路前进　为全面建成小康社会而奋斗》。经过 30 多年的艰辛探索，中国特色社会主义道路已经越走越宽。

党的十八大对党的十一届三中全会以来我们党探索社会主义道路的过程，进行了全面的描述。改革开放以来，以邓小平为核心的党的第二代中央领导集体带领全党全国各族人民深刻总结我国社会主义建设正反两方面经验，借鉴世界社会主义历史经验，明确提出走自己的路、建设中国特色社会主义，科学回答了建设中国特色社

2012 年 11 月，党的十八大胜利召开。

会主义的一系列基本问题，成功开创了中国特色社会主义；以江泽民同志为核心的党的第三代中央领导集体带领全党全国各族人民，成功把中国特色社会主义推向 21 世纪；新世纪新阶段，党中央抓住重要战略机遇期，在全面建设小康社会进程中推进实践创新、理论创新、制度创新，成功在新的历史起点上坚持和发展了中国特色社会主义。

正是在改革开放新时期，我们党逐步深化了对人类社会发展规律、社会主义建设规律和共产党执政规律的认识，在遵循科学社会主义基本原则的前提下，在总结国内外社会主义建设经验的基础上，立足于中国实际，开辟出了中国特色社会主义道路，形成了中国特色社会主义理论体系，确立了中国特色社会主义制度。而要坚持走中国特色社会主义道路，必须始终坚持党的领导。

中国特色社会主义事业是改革创新的事业。党要站在时代前列带领人民不断开创事业发展新局面，必须以改革创新精神全面推进党的建设新的伟大工程，不断提高党的执政能力，始终保持党的先进性，使我们党始终成为中国特色社会主义事业的坚强领导核心。

二、中国特色社会主义道路是立足中国基本国情的科学发展道路

十八大报告明确指出，中国特色社会主义道路之所以完全正确、之所以能够引领中国发展进步，关键在于中国特色社会主义既坚持了科学社会主义基本原则，又根据时代条件赋予其鲜明的中国特色，以全新的视野深化了对共产党执政规律、社会主义建设规律、人类社会发展规律的认识。

我们党一再强调，我们绝不走西方发展道路，照搬西方国家发展模式。正是围绕建设中国特色社会主义，我们逐步探索并建立了切合中国社会主义初级阶段实际的基本制度，确立了中国特色社会主义经济、政治、文化发展道路。这一制度既与资本主义发展道路不同，也与其他国家社会主义确立的发展道路有许多不同。这条道路在制度安排上既体现了社会主义的共性，又具有区别于其他社会主义国家的“中国特色”。

在经济发展道路的选择上，我们确立了中国特色社会主义基本经济制度。在所有制上，我国建立的是公有制为主体、多种所有制经济共同发展的所有制结构。这种所有制结构，既突破了传统意义上的、单一的社会主义公有制，又不同于建立在私有制基础上的混合所有制。确立公有制为主体、多种所有制经济共同发展，是我们党根据我国的社会主义性质和初级阶段的国情决定的。这种所有制结构适合我国现阶段生产力发展的水平，具有中国特色。在分配制度上，我国实行的是按劳分配为主体、多种分配方式并存的分配制度。坚持按劳分配为主体，体现了科学社会主义的基本原则，允许多种分配方式并存，确立劳动、资本、技术、管理等生产要素按贡献参与分配的原则，符合中国实际。在经济管理和运行机制上，我

们要建立的是社会主义市场经济体制。社会主义市场经济是同社会主义基本制度结合在一起的，它既不同于过去的社会主义计划经济，又不同于资本主义市场经济。在社会主义条件下发展市场经济，是中国共产党人对马克思主义发展作出的历史性贡献，也体现了中国经济发展的鲜明特色。

在政治发展道路的选择上，我们强调绝不照搬西方政治发展模式，坚持走中国特色社会主义政治发展道路。这一发展道路坚持党的领导、人民当家作主、依法治国有机统一，坚持和完善人民代表大会制度、中国共产党领导的多党合作和政治协商制度、民族区域自治制度以及基层群众自治制度，不断推进社会主义政治制度自我完善和发展。

在文化发展道路的选择上，我们确立了中国特色的文化发展道路。我们要建立的中国特色社会主义文化是以马克思主义为指导，以培育有理想、有道德、有文化、有纪律的公民为目标，面向现代化、面向世界、面向未来的，民族的科学的大众的社会主义文化。这种文化具有高度的科学性，鲜明的民族性、时代性、开放性和大众性，因而是凝聚和鼓励全国各族人民的重要力量，是综合国力的重要标志。

在社会建设道路的选择上，我们强调走构建社会主义和谐社会的发展道路。党的十六大确立了使“社会更加和谐”的发展目标。党的十六届六中全会通过了《中共中央关于构建社会主义和谐社会若干重大问题的决定》。《决定》指出：“我们要构建的社会主义和谐社会，是在中国特色社会主义道路上，中国共产党领导全体人民共同建设、共同享有的和谐社会。”党的十七大报告专门增加了关于社会主义和谐社会建设的内容，强调“构建社会主义和谐社会是贯穿中国特色社会主义事业全过程的长期历史任务”。党的十七大报告还明确提出了和谐社会建设的指导思想、总体要求、基本原则、具体任务和工作部署，从而使我们对于如何走有利于社会更加和谐的发展道路的认识更加清醒。

在生态文明建设道路的选择上，我们强调要树立尊重自然、顺应自然、保护自然的生态文明理念，把生态文明建设放在突出地位，融入经济建设、政治建设、文化建设、社会建设各方面和全过程，努力建设美丽中国，实现中华民族永续发展。

改革开放的实践证明，中国特色社会主义制度完全符合中国实际，有利于推进社会主义事业的发展，我们必须坚持和完善。

三、中国特色社会主义道路是以经济建设为中心、坚持四项基本原则、坚持改革开放的发展道路

我国进入社会主义社会的历史条件和社会状况，决定了我们进入社会主义社会以后，还必须经历一个很长的初级阶段，去实现别的许多国家在资本主义条件下实现的工业化和生产的商品化、社会化、现代化。中国社会发展道路的选择必须从初级阶段的社会主义这一实际出发。

由于我们的社会主义还处于初级阶段，还是不发达、不太够格的社会主义，所以必须以经济建设为中心；由于我们走的是以马克思主义为指导的社会主义道路，所以必须坚持四项基本原则；由于改革开放是社会主义发展的必由之路，是中国特色社会主义事业的发展动力，因此，我们必须坚定不移地实行改革开放。“一个中心、两个基本点”是这条发展道路的简要概括，也是我们党在社会主义初级阶段基本路线的核心内容。

社会主义初级阶段

不是泛指任何国家进入社会主义都会经历的起始阶段，而是特指我国在生产力落后、商品经济不发达条件下建设社会主义必然要经历的特定阶段。我国从 20 世纪 50 年代生产资料私有制的社会主义改造基本完成，到社会主义现代化的基本实现，至少需要上百年时间，都属于社会主义初级阶段。

改革开放以来，我国综合国力增强了，国际地位提高了，人民生活显著改善了，同外部世界的联系更紧密了。经过改革开放，中国已经成为新兴市场国家中的重要一员，成为世界发展的重要力量。经过30多年来的努力，中国经济实力不断增强，国内生产总值大幅提升，主要农产品和工业品产量居世界第一位，成为世界第一大货物出口国和第二大货物进口国，成为诸多新兴市场国家中的重要一员，中国发展成为世界发展的重要组成部分。据《中国的和平发展》白皮书提供的数据：2001年加入世界贸易组织以来，中国年均进口近7 500亿美元商品，相当于为相关国家和地区创造了1 400多万个就业岗位。2000—2010年，中国非金融类年度对外直接投资从不足10亿美元增加到590亿美元，有力促进了有关国家经济发展。中国近年来对世界经济增长的贡献率均达到10%以上。2008年国际金融危机发生以来，中国积极参与二十国集团等全球经济治理机制建设，推动国际金融体系改革，参与各国宏观经济政策协调，参与国际贸易融资计划和金融合作，组织大型采购团赴海外采购，向陷入困境的国家伸出援手。中国认真落实联合国千年发展目标，成为全球唯一提前实现贫困人口减半目标的国家，并根据自身能力积极开展对外援助。截至2009年底，中国累计向161个国家、30多个国际和区域组织提供了2 563亿元人民币的援助，减免50个重债穷国和最不发达国家债务380笔，为发展中国家培训人员12万人次，累计派出2.1万名援外医疗队员和近1万名援外教师。中国积极推动最不发达国家扩大对华出口，并已承诺对所有同中国建交的最不发达国家95%的输华产品给予零关税待遇。改革开放以来，中国对世界文明的发展作出了重要贡献，但中国仍然是一个发展中国家。2011年，胡锦涛同志在庆祝中国共产党成立90周年大会上的讲话中强调："我们已经取得了举世瞩目的伟大成就，但我国仍处于并将长期处于社会主义初级阶段的基本国情没有变，人民日益增长的物质文化需要同落后的社会生产之间的矛盾这一社会主要矛盾没有变，我国是世界上最大的发展中国家的国际地位没有变。”党的十八大报告重申了这“三个没有变”。这“三个没有变”告诉我们，继续推进中国特色社会主义事业，必须从社会主义初级阶段的实际出发，而不能脱离这个实际。

从社会主义初级阶段实际出发，继续推进中国社会主义事业，必须始终坚持党在社会主义初级阶段的基本路线。正如十七大报告所说：党的基本路线是党和国家的生命线，是实现科学发展的政治保证。以经济建设为中心是兴国之要，是我们党、我们国家兴旺发达和长治久安的根本要求；四项基本原则是立国之本，是我们党、我们国家生存发展的政治基石；改革开放是强国之路，是我们党、我们国家发展进步的活力源泉。在改革开放和现代化建设过程中，要坚持把以经济建设为中心同四项基本原则、改革开放这两个基本点统一于发展中国特色社会主义的伟大实践，任何时候都决不能动摇。

四、中国特色社会主义道路是以解放和发展生产力为根本任务的发展道路

生产力是社会发展最根本的决定性因素。社会主义必须建立在高度发达的生产力基础之上。社会主义革命是为了解放和发展生产力，社会主义改革也是为了进一步解放和发展生产力。当年马克思恩格斯在创立科学社会主义理论时就提出，生产力的巨大增长和高度发展，是建立社会主义社会“绝对必需的实际前提”。马克思恩格斯在《共产党宣言》中提出，无产阶级夺取政权以后，要大力发展生产力，尽可能快地增加生产力。在长期的革命和建设实践

> **生产力**
>
> 人类运用各类专业科学工程技术，制造和创造物质文明和精神文明产品，满足人类自身生存和生活的能力。

进程中，我们党深刻地认识到，在我们这样经济文化比较落后的条件下建设社会主义，更必须把发展生产力作为根本的首要的任务。毛泽东曾指出："中国一切政党的政策及其实践在中国人民中所表现的作用的好坏、大小，归根到底……看它是束缚生产力的，还是解放生产力的。"[①] 邓小平还特别强调解放和发展生产力在社会主义本质中的地位和作用。邓小平提出，社会主义原则，第一是发展生产；是否有利于发展社会主义的生产力，是判断改革和各方面工作是非得失的根本标准。社会主义优于资本主义，归根结底就表现在它能够创造出比资本主义更高的社会生产力和劳动生产率，为最终战胜资本主义和实现共产主义创造坚实的物质基础。他指出："发挥社会主义的优越性，归根到底是要大幅度发展社会生产力，逐步改善、提高人民的物质生活和精神生活。"[②] 十三届四中全会以来，我们党强调，要把发展作为党执政兴国的第一要务，要大力发展生产力，要始终代表先进生产力的发展要求。为此，我们还制定了科教兴国、人才强国等战略。十六大以来，我们党深入贯彻落实科学发展观，大力推动经济发展方式的转变，提高经济发展的质量。因此，我们走的中国特色社会主义道路，是以解放和发展生产力为根本任务的发展道路。

要解放和发展生产力，必须实行改革，改革是中国特色社会主义发展的强大动力。改革作为一次新的革命，必须坚持正确的方向。历史反复告诉我们：只有社会主义才能救中国和发展中国。因此，改革不是也不允许否定和抛弃我们建立起来的社会主义基本制度，而是要推动我国社会主义制度的自我完善和发展，赋予社会主义新的生机和活力，推进中国特色社会主义事业的科学发展。因此，中国特色社会主义道路又是巩固和完善社会主义制度

---

① 《毛泽东选集》，2版，第3卷，1079页，北京，人民出版社，1991。

② 《邓小平文选》，2版，第2卷，251页，北京，人民出版社，1994。

的发展道路。

“不坚持社会主义，不改革开放，不发展经济，不改善人民生活，只能是死路一条。”① 这是邓小平在分析苏东剧变原因、总结中国改革开放历史经验时得出的一个重要结论。这一结论至今仍然具有重要的现实意义。

五、中国特色社会主义道路是以建设富强民主文明和谐的社会主义国家为发展目标的发展道路

社会主义社会是全面发展的社会。中国特色社会主义社会是一个全面发展、全面进步、全面现代化的社会。在改革开放和社会主义现代化建设实践中，我们党逐步形成并完善了中国特色社会主义总体布局。党的十二大明确提出了“三步走”的现代化建设战略部署，并且提出了包括经济富强、政治民主、精神文明在内的三位一体的现代化建设总体格局。十五大围绕社会主义现代化建设的总目标，在党的基本理论、基本路线的基础上，制定了建设中国特色社会主义经济、政治、文化的基本纲领，从而使“三位一体”的现代化建设格局更加明晰而深入。进入新世纪新阶段，面对错综复杂的国际形势和不断变化的国内格局，我们党顺应历史发展和时代变化的要求，在我国处于体制转轨、社会转型的特殊历史时期，正式提出了构建社会主义和谐社会的命题，使社会主义现代化建设的总体布局，由物质文明、政治文明、精神文明建设的“三位一体”深化拓展为包括社会建设在内的“四位一体”。2012 年，党的十八大提出，建设中国特色社会主义事业总体布局由经济建设、政治建设、文化建设、社会建设“四位一体”拓展为包括生态文明建设在内的“五位一体”，这是总揽国内外大局、贯彻落实科学发展观的一个新

① 《邓小平文选》，1 版，第 3 卷，370 页，北京，人民出版社，1993。

部署，由此拓展深化了现代化建设的战略格局，也表明我们党对社会主义建设规律的认识越来越深刻。

在社会主义现代化总体布局越来越拓展的同时，我们党在社会主义初级阶段的奋斗目标也越来越明确。党的十二大明确提出，要把我国建设成为高度文明、高度民主的社会主义国家。党的十三大根据社会主义初级阶段的实际，提出要把我国建设成为富强、民主、文明的社会主义现代化国家。党的十四大提出要围绕经济建设这个中心，加强社会主义民主法制和精神文明建设，促进社会全面进步。党的十五大确立的我国在新世纪的奋斗目标是，第一个十年实现国民生产总值比 2000 年翻一番，使人民的小康生活更加宽裕，形成比较完善的社会主义市场经济体制；再经过十年的努力，到建党一百年时，使国民经济更加发展，各项制度更加完善；到世纪中叶建国一百年时，基本实现现代化，建成富强民主文明的社会主义国家。党的十六大确立的全面建设小康社会的目标，是中国特色社会主义经济、政治、文化全面发展的目标。2006 年召开的党的十六届六中全会，明确把中国特色社会主义发展的目标完善为“把我国建设成为富强民主文明和谐的社会主义现代化国家”。这一表述写进了党的十七大报告和十七大后修订的党章。党的十八大报告指出，全面落实经济建设、政治建设、文化建设、社会建设、生态文明建设五位一体总体布局，促进现代化建设各方面相协调，促进生产关系与生产力、上层建筑与经济基础相协调，不断开拓生产发展、生活富裕、生态良好的文明发展道路。这一切说明，中国特色社会主义道路是建设社会主义市场经济、社会主义民主政治、社会主义先进文化、社会主义和谐社会、社会主义生态文明的发展道路，是以促进人的全面发展，逐步实现全体人民共同富裕，建设富强民主文明和谐的社会主义现代化国家为发展目标的发展道路。

六、中国特色社会主义道路是以中国特色社会主义理论体系为指导的发展道路

中国特色社会主义是由道路、理论体系、制度三位一体构成的。党的十八大明确指出："中国特色社会主义道路是实现途径，中国特色社会主义理论体系是行动指南，中国特色社会主义制度是根本保障，三者统一于中国特色社会主义伟大实践，这是党领导人民在建设社会主义长期实践中形成的最鲜明特色。"中国特色社会主义道路就是以中国特色社会主义理论体系为行动指南形成和发展起来的。

党的十八大报告明确指出："中国特色社会主义理论体系，就是包括邓小平理论、'三个代表'重要思想、科学发展观在内的科学理论体系，是对马克思列宁主义、毛泽东思想的坚持和发展。"中国特色社会主义理论体系是在改革开放新时期逐步形成和发展起来的。党的十一届三中全会以来，我们党坚持马克思主义的思想路线，不断探索和回答什么是社会主义、怎样建设社会主义，建设什么样的党、怎样建设党，实现什么样的发展、怎样发展等重大理论和现实问题，不断推进马克思主义中国化，取得了一个又一个马克思主义中国化的新成果。这些理论成果始终围绕着一个共同的理论主题，即中国特色社会主义。十一届三中全会后我们党制定的基本路线和基本纲领也都统一于中国特色社会主义的伟大实践之中。

这一理论体系贯穿在邓小平理论、"三个代表"重要思想和科学发展观之中。这一理论体系，在社会主义发展道路、发展阶段、根本任务、发展动力、外部条件、政治保证、战略步骤、领导力量和依靠力量、祖国统一等重大问题上，形成了一系列相互联系的基本观点，是一个统一的科学理论体系。

这一理论体系同马克思列宁主义、毛泽东思想是一脉相承而又与时俱进的科学体系。正如十七大报告所述："这个理论体系，坚持

和发展了马克思列宁主义、毛泽东思想，凝结了几代中国共产党人带领人民不懈探索实践的智慧和心血，是马克思主义中国化最新成果，是党最可宝贵的政治和精神财富，是全国各族人民团结奋斗的共同思想基础。”

这一理论体系是不断发展的开放的理论体系。马克思主义是一个开放的、需要不断发展的科学体系，中国特色社会主义理论作为马克思主义中国化的最新理论成果，本身也是一个开放的、需要不断发展的科学体系。面向未来，解决中国特色社会主义事业发展中存在的各种复杂问题，需要我们继续深化对中国特色社会主义理论的研究，不断丰富和发展中国特色社会主义理论。

总之，这一理论体系既坚持了科学社会主义的基本原则，又根据我国实际和时代特征赋予其鲜明的中国特色，是切合中国实际的科学社会主义，是对科学社会主义的发展和创新。中国特色社会主义道路就是以中国特色社会主义理论为指导的发展道路。继续走中国特色社会主义道路，必须坚持、丰富和发展中国特色社会主义理论。

七、中国特色社会主义道路是一条实现中华民族伟大复兴的和平发展道路

近代以来的历史反复说明，一个后兴大国的崛起，往往导致国际格局和世界秩序的急剧变动，甚至引发大战。这里一个重要原因，就是后兴大国走了一条依靠发动侵略战争打破原有国际体系、实行对外扩张以争夺霸权的道路。欧洲的发展与它的扩张同时并举，这一过程充满血腥味，表现为欧洲对其他地区的武力征服。而这样的道路，总是以失败告终。

当今世界正处在大发展大变革大调整之中。和平与发展仍然是时代主题，求和平、谋发展、促合作已经成为不可阻挡的时代潮流。

世界多极化不可逆转，经济全球化深入发展，科技革命加速推进，全球和区域合作方兴未艾，国与国相互依存日益紧密，国际力量对比朝着有利于维护世界和平的方向发展，国际形势总体稳定。同时，世界仍然很不安宁。霸权主义和强权政治依然存在，局部冲突和热点问题此起彼伏，全球经济失衡加剧，南北差距拉大，传统安全威胁和非传统安全威胁相互交织，世界和平与发展面临诸多难题和挑战。

中华民族是热爱和平的民族，中国始终是维护世界和平的坚定力量。总结世界历史发展的经验教训，分析当今国际复杂多变的形势，我们党强调：中国始终不渝地坚持走和平发展道路，推动建设持久和平、共同繁荣的和谐世界。党的十八大明确指出："我们主张，在国际关系中弘扬平等互信、包容互鉴、合作共赢的精神，共同维护国际公平正义。平等互信，就是要遵循联合国宪章宗旨和原则，坚持国家不分大小、强弱、贫富一律平等，推动国际关系民主化，尊重主权，共享安全，维护世界和平稳定。包容互鉴，就是要尊重世界文明多样性、发展道路多样化，尊重和维护各国人民自主选择社会制度和发展道路的权利，相互借鉴，取长补短，推动人类文明进步。合作共赢，就是要倡导人类命运共同体意识，在追求本国利益时兼顾他国合理关切，在谋求本国发展中促进各国共同发展，建立更加平等均衡的新型全球发展伙伴关系，同舟共济，权责共担，增进人类共同利益。"

中国坚持的和平发展道路是与时代潮流相随、与世界文明相伴的发展道路。中国特色的社会主义不是一个封闭的、远离当今世界的体系，而是一个无限开放的、与当今世界融为一体的体系。现在的世界是开放的世界，中国发展离不开世界，世界繁荣稳定也离不开中国。中国特色社会主义必须是实行对外开放的社会主义，必须是吸收和借鉴人类一切文明成果的社会主义。因此，在建设中国特色社会主义过程中，我们党强调，要具有世界眼光，注意向世界学习，要在中国与世界的互动中建设切合本国实际的社会主义。世界上每一种文明都有自己的长处和优势，任何文明，包括中国的文明，都不可能在完全封闭的状态下得到发展。特别是在当代，随着经济活动范围的扩大、通信手段的改进、交通工具的发达，世界各种文明之间的联系和交往日益紧密。外部环境的变动会影响到中国。中国的发展，是立足于中国的发展，也是在与世界比较中的发展。因此，走中国特色社会主义道路，必须随时关注世界潮流的变动，紧跟世界生产力、文化等发展的动向和趋势，兼收并蓄，海纳百川，不断吸取其他国家、民族和文明的经验，把握时代发展的趋势，使我们的经济、政治、文化、社会都能充分体现时代精神和创造精神。

总之，中国特色社会主义道路，是一条实现中国繁荣富强和中国人民幸福安康的正确道路。只有坚持走中国特色社会主义道路，才能发展中国、振兴中国。只有坚持走中国特色社会主义道路，才能实现全面建成小康社会的宏伟目标和中华民族的伟大复兴。

最后，让我们用党的十八大报告中的两句话来作为本书的结束语："只要我们胸怀理想、坚定信念，不动摇、不懈怠、不折腾，顽强奋斗、艰苦奋斗、不懈奋斗，就一定能在中国共产党成立一百年时全面建成小康社会，就一定能在新中国成立一百年时建成富强民主文明和谐的社会主义现代化国家。全党要坚定这样的道路自信、理论自信、制度自信！"

后　记

党的十八大报告明确指出："道路关乎党的命脉，关乎国家前途、民族命运、人民幸福。在中国这样一个经济文化十分落后的国家探索民族复兴道路，是极为艰巨的任务。"自近代以来，中华民族的仁人志士对实现中华民族伟大复兴的道路进行了艰辛的探索，付出了血的代价。历史和人民选择了马克思主义，选择了中国共产党，选择了社会主义。中国共产党成立90多年来，紧紧依靠人民，把马克思主义基本原理同中国实际和时代特征结合起来，独立自主走自己的路，历经千辛万苦，取得了革命建设和改革的伟大胜利，开创和发展了中国特色社会主义，从根本上改变了中国人民、中华民族的前途命运。

改革开放新时期，围绕着到底走什么道路的问题，思想文化领域内有过十分激烈的争论，且这种争论至今仍未结束。走全盘西化的道路，走民主社会主义道路，走新自由主义道路，或者重走"以阶级斗争为纲"的老路，等等，这些观念和主张都曾经在新时期出现过，因此，我们党在历次党的代表大会上，都特别强调道路问题。历史已经证明，实现中华民族的伟大复兴，必须坚持走中国特色社会主义道路。我们在本书中，围绕着为什么要坚持走中国特色社会主义道路进行了论述，其中大部分观点反映了国内学界和思想界的共识。本书是集体探讨的结果，参与本书撰写的作者有秦宣、李明霞、颜杰峰、张雷。秦宣负责全书的统稿、定稿工作。

编　者

于中国人民大学

2012年12月10日